Mystische Offenbarungen erhalten die Druckgenehmigung (Imprimatur) der Kirche, wenn sie als im Einklang mit den katholischen Doktrinen und Sitten bewertet werden. Imprimatur ist Latein für „lass es gedruckt werden". Diese Offenbarungen sollen die Lücken füllen, die durch Zensur in den frühen Tagen des christlichen Glaubens und Fehler bei der Übersetzung in der Bibel hinterlassen wurden. Sie enthüllen Dinge, die so geschahen, wie sie geschahen. Sie sollen <u>nicht</u> die Bibel ersetzen.

In dieser Reihe

Der Gnadenvolle: Die Frühen Jahre
Der Gnadenvolle: Die Meriten

Der Gnadenvolle: Joseph-Passion
Der Gnadenvolle: Der Blaue Engel
Der Gnadenvolle: Der Knabenalter von Jesus

Lamb Books
Veranschaulichte Adaptionen für die ganze Familie

LAMB BOOKS
Veröffentlicht von Lamb Books, 2 Dalkeith Court, 45 Vincent Street, London SW1P 4HH;
UK, USA, FR, IT, SP, DE

www.lambbooks.org

Zuerst von Lamb Books 2013 veröffentlicht
Diese Ausgabe
001

Text copyright @ Lamb Books Nominee 2013
Illustrationen copyright @ Lamb Books, 2013

Das moralische Recht der Autor und Illustrator ist behauptet worden,
Alle Rechte vorbehalten

Der Autor und Herausgeber sind dankbar, dass der Centro Editoriale Valtoriano in Italien für die Erlaubnis, aus dem Gedicht der Gott-Mensch von Maria Valtorta zu zitieren, von Valtorta Publishing
In Baskerville Old Face Set

Gedruckt in Großbritannien von CPI Group (UK) Ltd, Croydon, CR0, 4YY

Außer in den USA wird dieses Buch unter der Bedingung verkauft, dass sie nicht befugt, durch den Handel oder anderweitig verliehen, weiterverkauft, vermietet oder anderweitig in Umlauf gebracht, ohne vorherige Zustimmung des Herausgebers in irgendeiner Form zu binden oder decken andere als , in dem es veröffentlicht wird und ohne einem ähnlichen Zustand wie dieser Zustand auf der nachfolgenden Käufer auferlegt.

ISBN: 978-1-910201-14-5

Der Gnadenvolle

Die Knabenalter von Jesus Christus

LAMBBOOKS

Danksagungen

Das Material in diesem Buch ist an „Die mystische Stadt Gottes" von Schwester Maria von Jesus aus Agreda angepasst, das die Imprimatur 1949 erhielt, und auch an „Der Gottmensch" („Das Evangelium, wie es mir offenbart wurde"), zuerst zugelassen 1948 von Papst Pius XII., als er bei einem Treffen am 26. Februar 1948 die drei anwesenden Priester, die dies bezeugen konnten, aufforderte, „die Arbeit zu veröffentlichen, wie sie ist". 1994 beherzigte das Vatikanische Konzil endlich die Rufe christlicher Aktivisten weltweit beherzigt und zieht die Seligsprechung Maria Valtortas („Kleiner Johannes") in Betracht.

Es ist noch immer Gegenstand vieler Kontroversen, sowohl rational als auch politisch, so wie viele große Arbeiten. Allerdings ist Glauben weder Gegenstand von Rationalismus noch von Politik.

Der Gottmensch wurde vom Beichtvater von Papst Pius als „erbaulich" beschrieben. Mystische Offenbarungen waren lange das Fachgebiet der Religiösen. Nun sind sie allen zugänglich. Mögen alle, die diese Adaption lesen, der Teile der Mystischen Stadt Gottes wie auch des Gottmenschen vereint, sie ebenfalls erbaulich finden. Mit diesem Licht sei der Glaube erneuert.

Besonderen Dank an das Centro Editoriale Valtortiano in Italien für die Erlaubnis, aus dem Gottmenschen von Maria Valtorta, Spitzname „Kleiner Johannes", zu zitieren.

"..Mögen diejenigen gesegnet sein, die das Geschenk mit einfachen Herzen und Glauben empfangen. Das Feuer, welches der Vater heute erwünschte, wird in ihnen aufgehen. Die Welt wird sich nicht in ihrer Grausamkeit ändern. Sie ist zu korrupt. Aber sie werden versorgt werden und den Durst nach Gott spüren, den Antrieb zur Heiligkeit wird in ihnen wachsen."

Jesus, 22nd February 1944.

Die Flucht nach Ägypten	9
Der Weg nach Ägypten	21
Jesus Bricht Sein Schweigen	30
Die Heilige Familie in Ägypten	36
Jesu Erste Arbeitslektion	44
Die Rückkehr Nach Nazareth	48
Maria lehrt Jesus, Judas und Jakob	53
Vorbereitung für Jesu Volljährigkeit	67
Jesus Wird im Tempel Geprüft wenn Er Volljährig ist	75
Jesus Geht in Jersualem Verloren	85
Jesus Diskutiert mit den Doktoren im Tempel	91

Die Flucht nach Ägypten

Um die Zeit des Besuches der Weisen hatte Maria begonnen eine Novena zu beten-ein neuntägiges Gebet-als Dank an Gott und die Erinnerung an die neun Monate die sie Jesus in Ihrem Leibe trug. An jedem Tag, bietet Sie jedesmal aufs Neue, Ihren Sohn zum ewiglichen Vater zur Erlösung der Menschen. Als Antwort zu Ihren Gebeten und Opfergaben, erhält sie viele Begünstigungen vom Allmächtigesten; dass so lange diese Welt existiert, werden alle Ihre Anfragen im Namen Ihrer Auftraggeber gewährt, durch Sie, werden alle Sünder die Erlösung finden, sie wird Co-Erlöser mit Christus und vielen Anderen.

Aber am fünften Tage der Novena, während Sie betet, erhält Sie eine abstrakte Vision des Allmächtigen, in welcher Er Sie für die bevorstehenden Prüfungen vorbereitet:

"Mein Ehepartner und meine Taube, deine Wünsche und deine Anliegen sind sehr angenehm in meinen augen und ich erfreue mich immer von ihnen. Aber du kannst die neuntägige Andacht, welche du begonnen hast, nicht abschließen, da ich für dich andere Aufgaben der Liebe bereit habe. Um das Leben deines Sohnes zu retten und Ihn groß zu ziehen, musst du dein Zuhause und dein Land

verlassen; fliehe mit Ihm und deinem Ehemann Josef nach Ägypten, wo du verweilen sollst bis ich dir ein Zeichen gebe: Denn Herodes sucht das Leben des Kindes. Die Reise ist lang, sehr mühselig und ermüdend; wirst du all das für mich erleiden; denn ich bin, und immer werde sein, mit dir."

Antwortend sagt Sie:

"Mein Herr und Meister, betrachte deine Dienerin mit einem Herzen, dass bereit ist für deine Liebe zu sterben. Wende mich an gemäß deines Willens. Diese eine Bitte habe ich von deiner immensen Güte, dass, nicht auf mein Verlangen nach Dankbarkeit und Verdienst schauend, Du nicht meinen Sohn und Herren leiden lässt, und dass Du alle Schmerzen und Mühen auf mich bringst, da ich verpflichtet bin diese zu erleiden."

Der Herr übergibt Sie zu Josef und verlangt von Ihr, dass Sie seine Anweisungen in allen Angelegenheiten der Reise folgt.

Sie kommt aus der Vision, welche sie im vollen Bewusstsein und mit Jesus in Ihren Armen erhalten hat mit Ihrem Herzen zu tiefst geplagt an die Gedanken der bevorstehenden Schwierigkeiten und sie vergießt viele Tränen. Josef erkennt Ihre Trauer und ist verwirrt, aber wegens Demut und Respekt für Ihren Mann, versteckt Sie den Grund Ihrer Trauer und sagt nichts über die Vision; Sie wartet darauf, dass die Verheisung ihren Kurs nimmt. In derselben Nacht spricht ein Engel zu Josef in Seinem Schlaf.

Es ist Nacht, nicht lange nach dem Besuch der Weisen. Josef schläft tief und fest in seinem kleinen Bett, ein seinem sehr kleinen Zimmer-kaum die Größe eines Korridors- der Schlaf eines Mannes nach einem harten Tag fleißiger Arbeit. Die Blenden sind offen um kühle Luft reinzulassen und um ihn mit den ersten Sonnenstrahlen aufzuwecken. Ein dünner Strahl des Mondlichtes wird durch die offenen Blenden ins Zimmer gelassen und zeigt ihn auf der Seite liegend, lächelnd an eine Vision, die er in seinem Traum sieht. Ein Engel des Herrn spricht zu ihm in seinem Schlaf:
"Steh auf, nimm das Kind und seine Mutter und fliehe nach Ägypten; dort sollst du bleiben bis ich wiederkomme und dir Anweisungen gebe; denn Herodes sucht das Kind um sein Leben zu nehmen."
Josefs lächeln wandelt sich schnell in einen Ausdruck von Angst, er seufzt tief, wie jemand der einen Albtraum hatte und wacht dann rasend auf.

Er setzt sich auf in seinem Bett, reibt sich die Augen und schaut um sich, ans kleine Fenster wo das dimme Licht durchsickert. Es ist finsterste Nacht. Aber er nimmt sein Gewand, welches am Boden vor dem Bett liegt, und, immernoch auf dem Bette sitzend, streift er es sich über die weiße, kurzärmige Tunika, die er bereits trägt. Er wickelt sich aus der Decke, setzt seine Füße auf den Boden, sucht nach seinen Sandalen, zieht sie an und bindet sie. Er steht auf und macht eine kleine Öllampe an. Er nimmt sie mit und geht ein paar Schritte auf die Tür zu, die zu seinem Bette liegt-nicht die Seite des Bettes, welche in das Zimmer führt, wo die Weisen begrüßt wurden.

Er klopft ganz sanft mit seinen Fingerspitzen, wartet auf eine Antwort und macht dann die Tür ganz vorsichtig auf, leise, und tritt herein. Dieses Zimmer ist ein bisschen größer mit einem niedrigen Bett neben der Wiege. Der Raum ist leicht beleuchtet durch eine Nachtlampe, die wie ein entfertner Stern in einem leicht goldenem Licht flackert.

Maria kniet vor der Wiege in einem hellen Kleid, betend und Jesus anblickend, welcher friedlich schläft, wunderschön, rosig und mit dünnem Haar, mit seinem lockigen Kopf im Kissen versunken und einer Faust an sein Kinn gesetzt.

'Schläfst Du nicht?' fragt Josef leise und leicht überrascht. 'Wieso nicht? Geht es Jesus nicht gut?'

'Oh, Nein! Ihm geht es gut. Ich bete, Später werde ich schlafen. Wieso bist du gekommen, Josef?' fragt Maria immernoch kniend.

'Wir müssen sofort von hier weggehen' sagt Josef aufgeregt aber flüsternd. ' Es muss sofort geschehen. Bereite die Kiste und den Sack mit all dem was du hineinpacken kannst vor. Ich werde den Rest vorbereiten.... Ich werde so viel wie möglich mitnehmen.... wir müssen im Morgengrauen fliehen. Ich würde früher gehen, aber ich muss noch mit der Hausherrin sprechen...'

'Aber warum die Flucht?'

'Ich werde es dir später erzählen. Es ist wegen Jesus. Ein Engel sagte zu mir: "Nimm das Kind und Seine Mutter und fliehe nach Ägypten." Verschwende keine Zeit. Ich werde vorbereiten was ich kann.'

Als der Engel, Jesus und die Flucht erwähnt werden, versteht Maria, dass Ihr Kind in Gefahr ist, dass die Prophezeiung von Simeon beginnt wahr zu werden und springt auf Ihre Füße, Ihr Gesicht weißer als Wachs, mit einer Hand auf Ihrem Herzen in Gefahr. Schnell und leicht auf Ihren Füßen und ordentlich legt Sie einen großen auf Ihr Bett und beginnt Kleider sowohl in die Kiste als auch in den Sack auf Ihrem Bett zu legen. Obwohl Sie beängstigt ist, bleibt Sie ruhig. Ab und an schaut Sie auf das Kind, welches ruhig in der Wiege schläft, wenn sie vorbeiläuft.

'Brauchst du Hilfe?' fragt Josef von Zeit zu Zeit und spitzelt durch die offengelassene Tür.

'Nein, danke' antwortet Maria jedes Mal.

Als der Sack voll ist und offensichtlich sehr schwer, ruft Maria nach Josef um Ihr zu helfen ihn zu zumachen. Josef bevorzugt es dies alleine zu tun und nimmt den langen Sack in sein kleines Zimmer.

'Soll ich auch die Wolldecken mitnehmen?' fragt Maria.

'Nimm so viel du kannst. Wir werden den Rest verlieren. Also nimm alles mit was du kannst.... Dinge werden ihren Nutzen haben.... da wir sehr lange wegbleiben müssen, Maria!...' sagt Josef traurig.

Maria schluchzt leise während Sie Ihre und Josefs Decken faltet. ' Wir werden die Stepdecken und Matten hierlassen...' sagt Josef während er die Decken mit einem Seil zusammenbindet. '... Selbst wenn ich drei Esel nehme, kann ich sie nicht überladen. Wir werden eine lange und unbequeme Reise haben.... zum Teil in den Bergen und zum Teil in der Wüste... Bedecke Jesus gut....

....Die Nächte werden kalt sein sowohl in den Bergen als auch in der Wüste.... Ich habe die Geschenke der Weisen eingepackt, da sie dort sehr nützlich sein werden. Ich werde all das Geld, das ich habe, ausgeben um zwei Esel zu kaufen. ....Wir können sie nicht zurückschicken. Daher muss ich sie kaufen.....Ich werde jetzt gehen ohne auf das Morgengrauen zu warten.....ich weiß wo ich sie finde. ...Mache du den Rest fertig und sei vorbereitet.' und er geht hinaus.

Maria macht ein paar weitere Sachen zurecht, dann geht Sie hinaus und kommt mit ein paar kleinen Kleidern zurück, die feucht zu sein scheinen; wahrscheinlich erst gestern gewaschen. Sie faltet diese, wickelt sie in ein Tuch und fügt sie den anderen Sachen bei. Es gibt nichts anderes.

Sie blickt sich noch einmal ein letztes Mal um und in der Ecke sieht Sie Jesu Spielzeug: ein kleines geschnitztes Schaaf aus Holz mit Markierungen von Jesu Zähnen, da er immer daran nibbelt. Sie hebt es weinend auf, küsst es und streichelt es ohne Wert; ein einfaches Stück Holz mit großem, sentimentalem Wert, da es Sie an Josefs Liebe zu Jesus erinnert und es über Ihr Kind spricht. Sie gibt es zu den anderen Dingen, die auf der Kiste liegen. Nun gibt es wirklich nichts anderes.

Es ist Zeit das Kind vorzubereiten.

Sie geht zur Wiege und schüttelt sie sanfte um Ihn aufzuwecken, aber Er winselt ein bisschen, dreht sich und

schläft weiter. Maria streicht sanft durch seine Locken und Jesus öffnet seinen Mund mit einem kleinen Gähnen. Maria lehnt sich nach vorne und küsst Seine Wange und Jesus öffnet Seine Augen, sieht seine Mutter, lächelt und streckt Seine kleinen Hände zu Ihrer Brust.
'Ja, Liebe Deiner Mutter. Ja, Deiner Milch. Vor deiner normalen Zeit...Aber du bist immer bereit an der Brust Deiner Mutter zu nuckeln, Mein kleines, heiliges Lämmchen!'

Jesus lacht und spielt, tritt Seine kleinen Füße aus der Decke, und bewegt Seine Arme glücklich wie man es kennt von Kindern, ein wirklich wunderschöner Anblick. Er drückt Seine Füße gegen den Bauch Seiner Mutter und krümmt Seinen Rücken mit seinem Kopf nach vorne an Ihrer Brust und wirft sich dann zurück und lacht, während Er die Schnürre in Seinen hält, die das Kleid Seiner Mutter am Nacken zusammenhalten, und Er versucht sie aufzumachen. Er sieht unglaublich schön aus in seinem Leinenhemd, plump und rosig wie eine Blume.

Sich hinunter beugend und nach Schutz durch die Wiege blickend, weint Sie und lächelt Sie zur selben Zeit, während das Kind plappert und Worte schwatzt, die man nicht von allen kleinen Kindern hört; darunter wird das Wort "Mutti" oft und deutlich wiederholt. Überrascht Sie weinen zu sehen, streckt Er Seine kleine Hand aus um die Tränen auf Ihrer Wange zu wischen und Ihr Gesicht abzutasten. Dann, sehr vorsichtig, lehnt Er sich wieder nach vorne, an die Brust Seiner Mutter, hält sich fest und tastet mit Seiner Hand. Sein kleines Wollkleid wurde Ihm nun übergelegt und Seine Sandalen wurden an Seine Füße gebunden.

Sie versorgt Ihn und Jesus nuckelt eifrig an der guten Milch
Seiner Mutter. Wenn Er merkt, dass nur wenig von der
rechten Brust kommt, sucht Er die linke, lacht und schaut
währenddessen Seine Mutter an.
Dann schläft Er wieder auf Ihrer Brust ein, Seine rosige,
kleine Wange auf ihrer weißen, runden Brust liegend.

Langsam erhebt sich Maria und legt Ihn vorsichtig und sanft
auf die Stepdecke auf Ihrem Bett und bedeckt Ihn mit Ihrem
Mantel. Dann geht Sie zurück zur Wiege und faltet die
kleinen Decken.
Sie wundert sich, ob Sie auch die kleine Matratze mitnehmen
soll. Sie ist so klein....Sie kann mitgenommen werden.
Sie bringt sie zusammen mit dem Kissen zu den anderen
Sachen, die schon auf der Kiste sind. Und sie weint beim
Anblick der leeren Wiege, arme Mutter, verfolgt in Ihrer
kleinen Kreatur.

Josef kehrt zurück.
'Bist du bereit? Ist Jesus bereit? Hast du Seine Decken und
Sein kleines Bett mitgenommen? Wir können nicht Seine
Wiege mitnehmen aber wenigstens Seine kleine Matratze;
armes Kind, von welchem Sie den Tod suchen!'

'Josef!' schreit Maria, und greift nach seinem Arm.

'Ja, Maria. Seinen Tod. Herodes möchte Ihn töten....weil er
sich vor Ihm fürchtet, diese dreckige Biest, wegen seines
menschlichen Königreichs hat er Angst vor einem
unschuldigen Kind. Ich weiß nicht was er tun wird, wenn er
erfährt, dass Er geflohen ist. Aber wir werden dann schon
weit weg sein. Ich denke nicht, dass er sich rächen will, indem
er Ihn bis nach Galiläa sucht. Es würde sehr schwer für ihn

sein herauszufinden, dass wir Galiläer sind, und noch schwerer, dass wir aus Nazareth kommen und wer wir genau sind. ...Außer der Teufel hilft ihm um ihn zu danken, dass er ein treuer Diener ist. Aber....falls dies geschehen sollte...wird Gott uns genauso helfen. Weine nicht, Maria. Dich weinen zu sehen ist ein schlimmerer Schmerz als ins Exil zu gehen.'

'Vergib mir, Josef. Ich weine nicht für Mich, oder die paar Sachen, die ich verliere. Ich weine um dich...Du musstest schon so viele Dinge erleiden! Und nun, noch einmal, wirst du keine Kunden haben, kein Zuhause. Wie viel Ich dir doch koste, Josef!'

'Wie viel? Nein, Maria. Du kostest mir nichts. Du gibst mir Geborgenheit. Immer. Sorge Dich nicht um die Zukunft. Wir haben die Geschenke der Weisen; sie werden uns die ersten Tage versorgen. Später werde ich Arbeit finden. Ein guter, kleverer Arbeitsmann wird immer seinen Weg finden. Du hast gesehen was hier passiert ist; ich habe nicht genug Zeit um all die Arbeit, die ich habe, zu erledigen.'

'Ich weiß. Aber wer lindert deine Sehnsucht nach deinem Heimatland?'

'Und was ist mit Dir? Wer lindert Dein Verlangen nach Deinem Zuhause, das Du so sehr liebst?'

'Jesus. Mit Ihm habe ich was ich dort hatte.'

'Und ich habe durch Jesus auch mein Heimatland, in welchem ich bis vor ein paar Monaten Hoffnung hatte. Ich habe meinen Gott. Du kannst also sehen, dass ich nichts verliere was mir über allen Dingen lieb ist. Die einzig wichtige

Sache ist Jesus zu beschützen und dann haben wir alles. Selbst wenn wir diesen Himmel nie wieder sehen oder dieses Land oder sogar das geliebte Galiläa, werden wir immer alles haben, weil wir Ihn haben. Komm, Maria, es ist schon fast Dämmerung. Es ist Zeit uns von der Haushälterin verabzuschieden und unsere Sachen aufzuladen. Alles wird gut sein.'
Maria steht gehorsam auf und zieht Ihren Mantel auf, während Josef ein letztes Päkchen macht und damit hinausgeht.

Maria hebt das Kind sanfte, wickelt Es in einen Schal und umschlingt Es an Ihr Herz. Sie schaut auf die Wände, die für einige Monate Ihr Zuhause waren und berührt sie streichelnd mit einer Hand. Ein glückliches Haus, das es verdient hat von Maria geliebt und gesgnet zu werden!

Sie geht hinaus durch Josefs Zimmer in ein großes Zimmer, wo die Haushälterin weinend Ihr Lebewohl küsst und diese den Schal hebt und die Stirn Jesu küsst, welcher ruhig schläft. Sie gehen die Außentreppen hinunter.

Im dimmen, ersten Licht der Dämmerung kann man drei Esel sehen; der stärkste ist mit dem Hab und Gut beladen. Die anderen zwei sind gesattelt. Josef ist beschäftigt die Kiste und Säcke auf dem Packsattel des ersten festzumachen. Seine Zimmerersachen sind in einem Bündel ganz oben auf dem Sack.

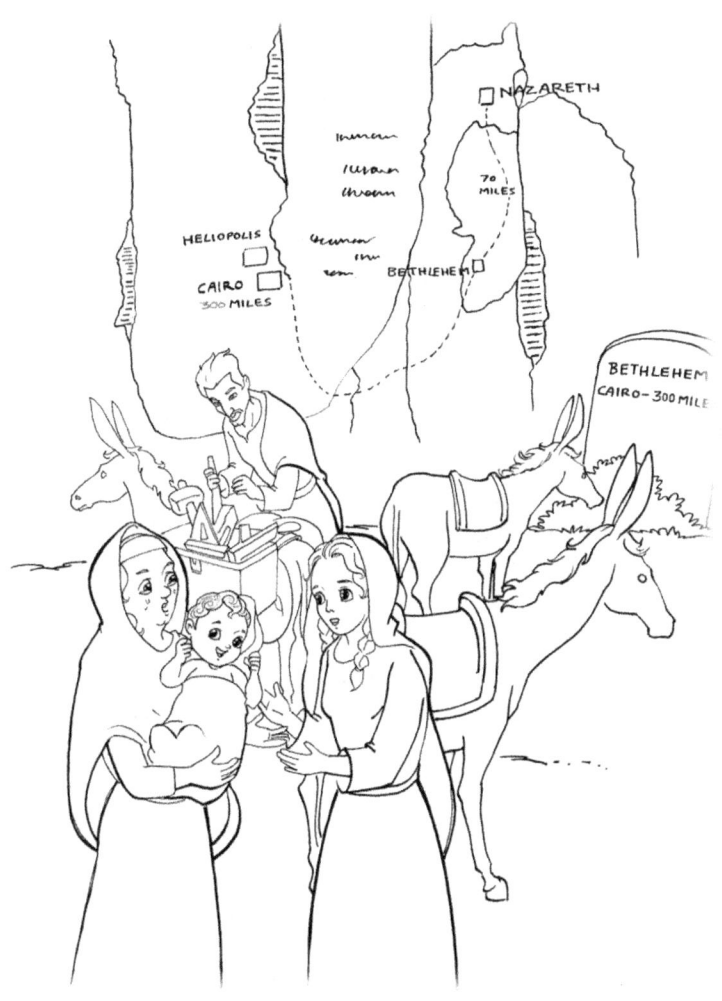

Es gibt noch mehr Tränen und Verabschiedungen und dann steigt Maria fu den kleinen Esel, während die Haushälterin Jesus in den Armen hält und Ihn nochmal küsst. Dann gibt Sie Ihn zu Maria.

Josef bindet seinen Esel an den mit Gütern beladenen Esel um die Hände freizuhaben und die Zügel des Esels von Maria halten zu können. Endlich kann er den Esel besteigen.

Es ist ungefähr die Zeit 9 B.C. und Jesus ist noch nicht einmal ein Jahr alt. Die Flucht beginnt, während Betlehem friedlich schläft und nichts von der drohenden Gefahr weiß, vielleicht immernoch von der phantastischen Szene des Besuches der Weisen träumend.

Ein Engel ercheint den Weisen bei der Rückkehr und warnt sie vor den bösen Absichten des Herodes, welcher dummerweise fürchtet, dass Jesus ihm sein Königreich wegnimmt und deswegen den Messias finden und töten möchte. Wieder erscheint der Stern und führt sie weg vom Palast des Herodes dorthin wo sie sich getroffen hatten hinter dem Toten Meer, von wo aus sie getrennte Wege gehen. Als Herodes herausfindet, dass er getäuscht wurde, befiehlt er, dass alle Säuglinge in der Nachbarschaft Betlehems in einem Massaker getötet werden.

Der Weg nach Ägypten

Durch Gehorsamkeit hat die Verheisung die Flucht an diesem Tag so vorbereitet, dass die heilige Familie von Judäa und nicht von Nazareth sich auf den Weg machen soll.

Da sie in der Stille und der Dunkelheit der Nacht fliehen, müssen Maria und Josef sich viele Sorgen machen, da sie nicht wissen was auf ihrer Reise passieren wird, wenn sie enden wird, wie sie in Ägypten auskommen werden als Fremde, welche Mittel sie finden werden um ihr Kind großzuziehen oder wie sie Ihn während der Durchquerung schützen werden. Sie haben dreihundert Meilen vor sich auf ihrer Reise zu ihrem Ziel in Ägypten, zweihundert davon in der offenen Wüste mit frostigen Bedingungen. Nichtsdestotrotz, Maria ist darauf bestimmt sich nicht auf Wunder verlassen um ihre Bedürfnisse zu stillen solange sie für sich selbst in ihren eigenen Bemühungen sorgen können.

Sie werden von zehntausend Engeln, welche sie in menschlicher Form sehen können, begleitet. Diese bieten Huldigung und Dienst und informieren sie, dass es Gottes Wille ist, dass sie Sie auf der Reise führen und begleiten. Sofort gehen sie auf die Bersabe Wüste zu. Sie stoppen in

Gaza für zwei Tage um sich selbst und ihre Esel auszuruhen. Von den frühen Tagen Jesu an haben Neuigkeiten von Wundern wo immer Christus ging die Aufmerksamkeit der Leute und den Mächtigen aufsichgezogen und daher ist es leicht für Herodes und seine Männer schnell den Säugling, der Gott und Mensch ist, zu finden.

Während sie zwei Tage ruhen, vollbringen sie viele Wunder; viele Krankheiten sind geheilt, manche Kranke sind vom Tode bewahrt, eine verkrüppelte Frau kann wieder ihre Beine benutzen und viele Seelen sind wiederbelebt aber Maria und Josef zeigen nicht wer sie sind, woher sie kommen oder wo sie hingehen, falls diese Nachricht zu Herodes geschickt werden könne.

Am dritten Tage machen sie sich wieder auf den Weg und passieren bald hinter den bewohnten Teilen von Palästina und in die sandige Wüste Bersabe, in welcher sie sechzig Stadien reisen müssen bevor sie ihr Ziel Ägypten erreichen.

Gott erlaubt seinen Eingeborenen mit seiner allerheiligsten Mutter und Josef diese Unbequemlichkeiten und Beschwernisse zu erleiden, welche natürlicherweise mit einer Reise durch die Wüste verbunden sind und sie ertragen diese Mühsale ohne zu jammern, obwohl sie besonders traurig sind, dass sie nicht aus eigenen Bemühungen die Beschwernisse ihres Sohnes lindern können. Sie können jeden Tag nur eine kurze Distanz reisen und die Durchquerung dauert dreißig Tage wegen der Schwere der Durchquerung des tiefen Sandes zuzüglich leiden sie, da sie keinen Unterschlupf haben besonders nachts in den wintrigen Bedingungen, welche schon tagsüber existieren, aber nachts noch schlimmer sind.

In der ersten Nacht ruhen sie sich am Fuße eines kleinen Hügels aus; den einzigen Schutz, den sie finden können.

Mit dem Kind in Ihren Armen, setzt sich Maria auf den Boden mit Josef und sie teilen ein karges Essen aus Früchten und Brot, welches sie währen ihrer zweitägigen Pause erworben haben, und Maria versorgt Jesus an Ihrer Brust. Jesus, für seinen Teil, macht Maria und Josef glücklich durch Seine Zufriedenheit.

Josef baut ein schmales Zelt mit seiner Jacke und ein paar Ästen als Schutz für Maria und Jesus vor der offenen Luft, während er auf dem Boden schläft mit dem Kopf auf der Kiste liegent und so verbringen sie ihre erste Nacht in der frierenden Wüste, eng bewacht von den Engeln.

Maria spürt, dass Ihr göttlicher Sohn all ihre Beschwernisse dem ewiglichen Vater anvertraut und Sie schließt sich Ihm für die meiste Zeit der Nacht an was ihnen nur einen kurzen Schlaf erlaubt.

Aber ihr kleiner Vorrat an Früchten und Brot ist schnell leer und sie werden hungrig. Nach ein paar Tagen in der Wüste müssen sie den ganzen Tag ohne Essen reisen bis 9 Uhr abends. Ohne jede Mittel für sich zu sorgen, betet Maria zum ewiglichen Vater und spricht:

"Ewiglicher, großartiger und mächtiger Gott, Ich danke Dir und segne Dich für deine herrliche Großzügigkeit; und dass, durch Deine barmherzige Herablassung, ohne Mein Verdienst, du mir Leben und Sein geschenkt hast und mich darin bewahrt hast, obwohl ich nur Staub und eine unnützliche Kreatur bin. Ich habe noch nicht den geeigneten Dank für diese Leistungen entgegengebracht; daher wie kann ich etwas verlangen, was ich nicht zurückzahlen kann? Aber, mein Herr und Vater; schau auf deinen Eingeborenen und gewähre mir was notwendig ist für mein natürliches Leben und das meines Mannes, so dass ich Deiner Majestät und Deinem Worte, das Fleisch geworden ist für die Erlösung der Menschheit, dienen kann."

Sodass die Schreie der süßesten Mutter weitergehen mögen mit noch größerem Leiden, erlaubt der Allerhöchste, dass die Elemente sie noch mehr als normal beeinträchtigen, und fügt dadurch noch mehr Leiden hinzu als schon bewirkt ist durch Müdigkeit und Hunger, sodass beim Hören des akzeptablen Gebetes seiner Gattin, sodass er die Maßnahme für diese ergreifen möge, welche von den Händen der Engel vollzogen wird. Und so kommt ein erboster Sturm auf mit einem peitschenden Wind und heftigem Regen, welcher sie belästigt und sie nichts sehen lässt.

Maria wickelt Jesus ein und versucht Ihn so viel Sie can zu beschützen. Aber Ihr sanftes Herz trauert zutiefst, als Sie Jesus, so zart wie Er ist, weinen und zittern hört von dem sturmigen Wetter.

Endlich nutzt Maria Ihre Kraft als Gottes Mutter und befiehlt den Elementen Ihrem Sohn nichts anzuhaben, sondern eher, dass sie Ihm Schutz und Erfrischung sind und dass sie Ihre Rache an Ihr alleine auslassen. Der Sturm fällt sofort und verschont sowohl Mutter als auch das Kind.

Als Gegenleistung für diese liebliche Vorbedecht, befiehlt der Säugling Jesus seinen Engeln Seiner liebsten Mutter im Kampf gegen den Sturm zu helfen. Sie bilden sofort einen wunderschönen Globus um und über ihren fleischgewordenen Gott, Seine Mutter und Ihren Gatten und so werden sie für den Rest der Reise durch die Wüste beschützt und verteidigt.

Sie bringen ihnen auch köstliches Brot, reife Früchte und die leckersten Getränke, welche sie nur selbst servieren. Und dann, zusammen mit den Engeln, singt die heilige Familie und lobt und dankt Gott. Und für den Rest der Reise urch die Wüste versorgt Gott sie mit ihrem Essen.

Bei der Ankunft in Ägypten finden sie ein Volk, dass gefangen ist vom Bösen. Der Säugling Jesus, in den Armen Seiner Mutter, hebt Seine Augen und Hände zum Vater und bittet um deren Erlösung, und somit treibt Er Dämonen von den Götzen, und schleudert sie zurück in die Höhlen und Dunkelheiten der Hölle, Götzen fallen zu Boden, Altare brechen in Stücke und ganze Tempel zerbröckeln zu Ruinen. Maria vereint Ihr Gebet zum Gebete Ihres Sohnes und Josef ist bewusst was das fleischgewordene Wort leistet, aber das ägyptische Volk ist erstaunt. Obwohl die Gelehrten unter ihnen sich an eine uralte Tradition prophezeit von Jesaja erinnern (Is.9.1), welche von der Ankunft des Königs der

Juden und der Zerstörung der Götzentempel berichtet, wissen sie nicht wie diese Prophezeiung erfüllt werden soll.

Die Leute, die mit Maria und Josef sprechen, kommen zu ihnen aus Neugier bei dem Anblick von Fremden unter ihnen und drücken ihre Besorgnisse aus über die jüngsten Ereignisse, aber maria und Josef nutzen die Gelegenheit um mit ihnen lange über den einen, wahren Gott, den Erschaffer des Himmels und der Erde, welcher allein anerkannt und verehrt werden soll, zu reden.

Maria ist so lieblich und charmant und ihre Worte so warm, dass sich schnell das Gerücht von der Ankunft fremder Pilger verbreitet, während die Gebete des fleischgewordenen Wortes viele Herzen bekehrt und das Wissen über Gott und Büße für die Schulden einflößt, was zusammen mit der Zerstörung der Götzen eine unglaubliche Aufregung entfacht, aber die Leute wissen nicht von Wem diese Gnaden kommen.

Jesus, Maria und Josef folgen ihrer Reise durch Memphis, Babylon Matarieh nach Heliopolis (heutzutage: Mit Rahina, 18 km südlich von Kairo, koptisches Kairo, acht km nordöstlich von Kairo, nordöstliche Ecke von Kairo entsprechend), wo sie Wunder bewirken, Dämonen aus Leuten und Götzen austreiben, die Kranken heilen und die Herzen über das Doktrin des ewigen Lebens erleuchten. In Heliopolis informieren die Engel sie, dass sie dort bleiben sollen. Josef kauft ein Haus, eine ärmliche Unterkunft mit drei Zimmern außerhalb der Stadt wie Maria es sich wünscht. Ein Zimmer ist als Tempel Jesu eingeteilt, in welchem sie Seine Wiege und Marias Sofa stellen. Das zweite ist für Josef und das dritte dient sowohl als Küche als auch als Josefs Arbeitszimmer.

Wahr zu Ihrem Entschluss für Ihre Familie mit Ihren Mühen zu sorgen sucht Maria sofort für Näharbeiten durch die Hilfe der frommen Frauen, die Ihrer Bescheidenheit und Wärme angezogen sind. Der Ruf Ihrer Fähigkeiten und fleißigen Arbeit verteilen sich schnell und Sie erhält viel Arbeit, welcher Sie sich tagsüber widmet und nachts Ihren geistlichen Übungen, obwohl sie weiterhin während der Arbeit betet und meditiert. So sind Josef und Maria zusammen in der Lage für all die notwendigen Dinge wie Essen und Kleidung für ihr Kind und sich zu sorgen.

Krankheite und Geschwüre sind weitverbreitet in Ägypten wegen des harten Klimas und viele die zu Maria kommen um das Wort Gottes zu hören kehren geheilt zurück, in der Seele und im Leib. So verbreitet sich das Wort schnell. Um die Sache noch schlimmer zu machen ist Heliopolis und viele andere Teile Ägyptens von der Pest verseucht in den Jahren ihres Weilens. Also bittet Maria Jesus Josef zu ordinieren; dies gibt ihm neues Licht und die Kraft zu heilen. Während Josef lehrt und die Männer heilt, kümmert sich Maria um die Frauen und alle die kommen um Gnade zu erhalten und von Liebe und Hingabe bewegt sind beim Anblick der Bescheidenheit und Heiligkeit Marias. Aber Sie verweigert Zahlung oder Geschenke, die Ihr angeboten werden, außer wenn Sie die Geschenke nützlich für jemand Anderen in Not findet, in welchem Fall Sie auch ein Geschenk Ihrer Nadelarbeit zurückgibt.

Durch Ihre Gebete und diese Ihres Sohnes erhalten alle Unschuldigen großes Wissen über das Sein Gottes, perfekter Liebe, Glauben und Hoffnung, welches sie sofort anwenden um gute Taten des Glaubens, der Liebe und der Anbetung Gottes zu vollbringen und sie erhalten Gottes Mitleid für ihre Eltern und Familien und Licht und Gnade im voraus für spirituelle Nöte. Trotz ihres zarten Alters, sterben diese Kinder williglich als Märtyrer und vergrößern somit ihre Verdienste und werden ins Limbus von einer Anzahl an Engeln gebracht wo sie ihre Erlösung erwarten. Ihre Ankunft im Limbus wiederrum verstärkt die Hoffnung der Alten über eine schnelle Befreiung, was viel Freude und Singen und Loben auslöst. All dies geschieht durch Maria in Vereinigung mit Ihrem göttlichen Kind, welcher der Urheber all dieser Dinge ist, aber welcher, während sie in Ägypten sind, nicht den Anderen auffallen darf.

Jesus Bricht Sein Schweigen

Eines Tages, während Maria und Josef reden und an die Unendlichkeit Gottes denken, Seine Güte und übermäßige Liebe, welche Ihn dazu bewegte Seinen eingeborenen Sohn als Lehrer und Erlöser der Menschen zu senden, Gott im Fleische gekleidet, gekommen um mit den Menschen zu reden und um die Strafen ihrer verdorbenen Natur zu erleiden. Während er dies reflektiert, flammt Josefs Herz auf mit Liebe und er verliert sich in Verwunderung und Ehrfurcht über Gottes Werke.
Jesus, der in den Armen Seiner Mutter ist, ist gerade ein Jahr alt geworden und er nutzt diese Gelegenheit um sein Schweigen zu Josef zu brechen. 'Mein Vater...' sagt er zu Josef '..... Ich bin das Licht der Welt, vom Himmel gekommen um die Welt vor der Dunkelheit der Sünde zu retten, als ein guter Hirte, um Meine Schaafe den Weg der Erlösung zu lehren und die Tore zum Himmel, die von der Sünde verschlossen wurden, zu öffnen. Ich ersehne, dass ihr beide Kinder des Lichts seid, welches ihr so nah bei euch habt.'

Seine Worte füllen Josef mit neuer Ehrfurcht und Freude, welcher sich vor dem Säuglingsgott auf die Knie wirft und Ihm dankt, dass Er ihn "Vater" genannt hat, denn Josef liebt Jesus mit einer außerordentlich übernatürlichen Liebe, die viel größer ist als die naürliche Liebe eines irdischen Vaters für seinen Sohn.

Josef ist demütig als er hört, dass er 'Vater' vom Sohn des ewigen Vaters gennant wird, den Sohn, den er so wunderschön in Gnade sieht und in Wissen und Weisheit verherrlicht.

Von dem Tage an, an dem Jesus ein Jahr alt ist, fängt er an bestimmte Stunden in Seiner Kapelle zu verbringen und antwortend auf den Stillen Aufruf Seiner Mutter, lädt Er Sie ein Ihm sich anzufügen, sodass Sie von Ihm lernen möge und Ihn nachahmen möge in Seinen Werken, da Er sich wünsche, dass Sie ein Beispiel perfekter Vollendung für alle Seelen sei. Und so beginnt Jesus von diesem Tage an - in Ägypten, während ihrer Rückkehr nach Nazareth und bis zum Beginn seines Dienstes - Maria zu lehren durch Worte über alle Mysterien des evangelischen Gesetzes und seines Doktrins, auf welches er Seine Kirche auf Erden errichten wird, er legt genau die Zeit und den Ort jedes Ereignisses dar und die Zeitleiste jedes Königreichs und jeder Provinz im Leben der Kirche. Nachdem sie nach Nazareth zurückkehren und die Zeremonie von Jesus Volljährigkeit vollbracht wird, lehrt Jesus Maria über die Geheimnisse des Buches mit sieben Siegeln, von welchem Johannes spricht (Apos. 5,1); das Buch, von welchem die Doktrine und Verdienste nur vom Lamm durch Sein Leiden und Tod entsiegelt werden können. Im Vergleich, Jesus verbringt nur drei Jahre um Seine Apostel und Jünger zu lehren und um Seine Kirche auf Erden vollkommen zu errichten.

Manchmal während ihrer Lehrstunden und Gebete, liegt Jesus ausgestreckt am Boden und manchmal ist er vom Boden erhoben immer in der Form eines Kreuzes und betet aufrichtig zum ewiglichen Vater für die Erlösung der sterblichen Seelen. Oft, in der Gegenwart Marias, würde er sagen:

'O höchst gesegnetes Kreuz! Wann werden deine Arme die meinen empfangen, wann werde ich auf dir ruhen, wann werden meine Arme, die an dich genagelt sind, ausgebreitet werden um alle Sünder zu empfangen?
.....Da ich zu keinem anderen Zwecke gekommen bin als sie dazu einzuladen Mich nachzuahmen....sie sind nun gleich

und für immer offen alle Menschen zu umarmen und erreichern. Kommt also, all ihr, die ihr das Licht nicht seht. Kommt ihr Armen, zum Schatze meiner Gnade. Kommt ihr Kleinen, zum Wohlwollen und zur Freude eures wahren Vaters. Kommt ihr Bekümmerten und Erschöpften, da ich euch beleben und erfrischen werde.....

Kommt ihr Gerechten, denn ihr seid mein Eigentum und mein Erbe. Kommt all ihr Kinder Adams, denn ich rufe nach euch allen, ich bin der Weg, die Wahrheit und das Leben und ich werde nichts verweigern, dass ihr verlangt zu erhalten...... Mein ewiglicher Vater, sie sind die Werke Deiner Hände, daher verachte sie nicht; denn ich werde Mich selbst als Opfer am Kreuze geben, um sie wieder in Gerechtigkeit und Frieden zu bringen. Wenn sie nur bereit sind, werde ich sie zur Brust Deiner Erwählten zurückbringen und zu ihrem himmlischen Königreich, wo Dein Name verehrt werden soll."

Und Maria vereint Ihre Gebet mit Seinen, denn Sie erfährt sowohl was in Seiner Seele vorgeht als auch die äußerlichen Bewegungen Seines Körpers. Obwohl Maria nicht immer die Visionen der Göttlichkeit genießt, ist es ein Privileg, das nur für Sie bestimmt ist. Durch Ihren Sohn ist sie auf all diese Visionen aufmerksam geworden und die Art und Weise, in welcher Seine Menschlichkeit die Göttlichkeit, zu der er verbunden ist, verehrt, liebt und heiligt. In dieser speziellen Weise ist Sie Zeugin der Effekte der hypostatischen Vereinigung der Menschlichkeit mit der Göttlichkeit - dem Menschengott.

In Seinem Tempel, berät sich Jesus mit Seinem Vater über die höchsten Geheimnisse der Erlösung, und die Person des Vaters stimmt zu oder gewährt Seine Bitten zur Entlastung der Menschen, oder zeigt der Menschheit des Christus die geheimen Anordnungen des Doktrins, dass Gott alles ordiniert hat was passieren wird in Bezug auf die Erlösung von einigen und nicht anderen, die Verdammung von manchen Seelen zu ewigem Elend. All dies bezeugt Maria und Sie verehrt den Allmächtigen mit unvergleichlicher Ehrfurcht und vereint sich mit Ihrem Sohn in Seinen Gebeten, Bitten und Dank.

In manch solchen Gelegenheiten, weint das Kind und schwitzt Blut, und dies wird oftmals passieren sowohl in Ägypten als auch nach ihrer Rückkehr nach Nazareth, lange Zeit vor der Aufzeichnung im Ölgarten. In solchen Zeiten wischt Maria Sein Gesicht und versteht vollkommen Seinen großen Schmerz aufgrund des Verlustes der Vorsehung; denn für manche werden die Verdienste des Erlösers verschwendet sein.

Zu anderen Zeiten ist Jesus verwandelt durch den Überfluss an Ruhm Seiner heiligsten Seele in den Körper, sodass er von himmlischen Licht verschleiert ist, weil der ewigliche Vater ordinierte, dass die göttliche Menschlichkeit in Intervallen diesen Trost erhalten soll. In solchen und auch in Zeiten, in denen Jesus nicht glorifiziert ist, ist Er von Engeln umgeben, die angenehme Hymnen des Lobes in himmlischer Harmonie singen. Und Maria stimmt ein in den Hymnen des Lobes.

Die Kinder von Heliopolis, die mit dem Kind Jesus spielen und frei-wie die meisten Kinder-von großer Boshaftigkeit sind, akzeptieren Ihn so wie Er ist und Jesus akzeptiert sie wiederum so weit es sich ziemt, bringt ihnen das Wissen Gottes und über Tugenden bei, wobei er ihnen den Weg des ewigen Lebens lehrt. Währenddessen prägt er Seine Wahrheiten tief in sie ein und gewinnt ihre Herzen, sodass all die, die dieses gute Glück haben, große, heilige Menschen werden im Kurs der Zeit; diese Samen der Gnade, die früh in der Seele gesäht wurden, reifen und tragen himmlische Früchte.

Die Heilige Familie in Ägypten

Der zwei Jahre alte Jesus sietzt auf einer Matte im Schatten eines kleinen Baumes, welcher in der Mitte eines Küchengartens in einem eingeschränkten Stück Boden steht. Der trockene Gartenboden wurde geduldig kultiviert und mit Stöcken abgesichert, mit Kletterpflanzen verstärkt, eine bescheidene Winde und auf einer Seite einen Jasminbusch der völlig blüht und ein Busch gewöhnlicher Rosen. Einige bescheidene Gemüsesorten wachsen in der Mitte des Gartens unter dem Baum wo es ein bisschen Schatten gibt. Eine kleine schwarzweiße Ziege ist an den Baum gebunden, streift durch die Blätter einiger Äste, die auf den Boden geworfen wurden.

Der Garten gehört zu einem kleinen, armen Haus mit vergipsten Wänden und einem einzigen Geschoss - Erdgeschoss. Die Wände sind weiß gewaschen und es gibt zwei Türen, eine in der Nähe der anderen, und beide führen in die inneren Räume des kleinen Hauses. Das Haus steht in der Mitte des kleinen Stückes aus sandigem Boden, das von einem schwachen Zaun, welcher mit Stöcken im Boden fixiert ist, umgeben ist und nur genügend Schutz gegen streuende Hunde und Katzen gibt.

Jesus spielt mit dem kleinen Schaaf und kleinen Pferden aus Holz und mit ein paar glatten Holzspänen, die weniger lockig sind als Seine goldenen Locken, auf der Matte vor dem armen Haus. Mit Seinen kleinen, pflaumigen Händen versucht er Holzketten um die Hälse Seiner Tiere zu legen. Er ist ruhig, lächelt und wunderschön. Sein kleiner Kopf ist eine Masse aus sehr dicken, kleinen, goldenen Löckchen, Seine Haut rein und leicht rosig. Seine Augen lebendig und ein breites dunkelblau; zwei wunderschöne, dunkle Saphire. Er trägt eine weiße Tunika, die ihm bis zu den Waden geht, mit kurzen Ärmeln und mit einem weißen Band an der Hüfte verbunden. Er ist barfüßig, weil er Seine Sandalen abgenommen hat und diese als Wagen für Seine Tiere nutzt und sie mit den Schnürren zieht.

Die Sandalen sind einfach: eine Sohle und zwei Schnürre, eine von der Spitze und eine von der Ferse. Die eine von der Spitze teilt sich in zwei ab einem gewissen Punkt und eine Länge geht durch ein Schnürrloch im Riemen von der Ferse, sich dann umwickelt und am anderen Ende zusammenbindet und so einen Ring um das Fußgelenk bildet.

Auch im Schatten des Baumes, nicht weit von Jesus, sitzt Maria und webt an einem rustikalen Webstuhl, während Sie auf das Kind aufpasst. Ihre schlanke, weiße Hand bewegt sich vor und zurück und wirft dabei das Weberschiffchen auf den Einschlag während Ihr in Sandalen gekleideter Fuß das Pedal bewegt. Ihre Tunika hat die Farbe von Malven: ein Rosa-violett wie bestimmte Amethysten. Sie trägt nichts auf dem Kopf und Ihre Haare sind in zwei geteilt und in einfache Zöpfe zu Ihrem Nacken geflochten. Ihre Ärmel sind lang und eng und Sie trägt keinen anderen Schmuck außer Ihre

Schönheit und Ihren süßen Ausdruck im Gesicht eines blauen Engels. Sie sieht ungefähr zwanzig Jahre alt aus.

Als Ihre Arbeit für den Tag beendet, steht Sie auf und beugt sich über das Kind, zieht es Seine Sandalen an und bindet die Schnürre vorsichtig. Dann klopt Sie Ihn und küsst Seine wunderschönen Augen. Das Kind plappert und Sie antwortet Ihm. Dann, als Sie zu Ihrem Webstuhl zurückgeht, bedeckt Sie das Textil und den Einschlag mit einem Stück Stoff, packt den Stuhl auf dem Sie saß und bringt es nach Hause. Das Kind folgt Ihr mit Seinen Augen, aber es macht Ihm nichts aus allein gelassen zu werden.

Die Sonne setzt sich über dem kahlen Sand und ein großes Feuer dringt in den ganzen Himmel ein hinter den entfernten Pyramiden.

Maria kommt zurück, nimmt die Hand von Jesus und hebt Ihn so von Seiner Matte. Das Kind gehorcht ohne Widerstand. Während die Mutter Seine Spielsachen sammelt und sie ins Haus bringt, trollt er mit seinen kleinen Beinen zur Ziege rüber und wirft Seine Arme um ihren Hals. Die kleine Ziege blökt und reibt ihren Kopf an Jesu Schulter.

Maria kommt zurück, nun mit einem Schleier und trägt eine Amphora in Ihrer Hand. Sie nimmt Jesus bei der Hand und zusammen laufen sie anmutig um das kleine Haus, ein schönes Bild. Maria passt Ihre Schritte denen des Kindes an und das Kind schwankt und stolpert an Ihrer Seite, seine rosigen Fersen bewegen sich hoch und runter auf dem sandigen Weg mit der typischen Grazie eines Kindes.

Vor dem Haus wird die Hecke von einem rustikalen Tor unterbrochen, welches Maria öffnet um auf die Straße zu gehen, eine arme Straße am Ende des Dorfes, welche in das sandige Land führt und zu anderen armen Häusern mit kargen Gärten.

Es ist niemand unterwegs. Maria schaut zur Stadt als ob Sie jemand erwartet und macht sich dann in Richtung eines Brunnens, welcher von ein paar Kräutern im Boden umgeben ist und in der Mitte ein Schattenkreis, der von einer Palme zehn Meter entfernt geworfen wird.

Da geht ein Mann die Straße hinunter. In weiter Distanz, er ist nicht sehr groß aber kräftig geabut. Als er näher kommt, kann man seine Gesichtszüge erkennen und es ist Josef, der lächelt. Er sieht aus als ob er Mitte dreißig ist, seine Haare und Bart sind dicht und schwarz, seine Haut eher gebräunt, seine Augen dunkel, sein ehrliches Gesicht schafft Vertrauen.

Als er Jesus und Maria sieht, beginnt er schneller zu gehen. Er trägt seine Säge und Hobel auf seiner linken Schulter und seine anderen Werkzeuge in der anderen Hand. Wahrscheinlich kommt er gerade von einer Hausarbeit zurück. Seine Tunika sieht aus wie die eines Arbeiters. Sie ist haselnussfarbig bis bräunlich und geht bis zu den Waden, hat kurze Ärmel und ist an der Hüfte von einem Ledergürtel zusammengehalten. Seine Sandalen sind am Fußgelenk verbunden.

Maria lächelt und Jesus gibt einen Schrei voller Freude von sich und streckt Seine freie Hand aus. Wenn sie sich treffen, nimmt Maria Josefs Arbeitssachen und Josef beugt sich und bietet Jesus eine Frucht an. Dann sich zu Boden hockend streckt er seine Arme aus und Jesus verlässt Seine Mutter und kuschelt sich in Josefs Arme. Dabei beugt Er Seinen kleinen Kopf in die Höhlung in Josefs Hals. Josef küsst Ihn und wird von Ihm geküsst, eine Szene voller lieblicher Gnade.

Dann erhebt sich Josef und nimmt seine Werksachen mit
seiner linken Hand während er mit seiner Rechten Jesus eng

an seine Brust drückt. Dann geht er mit Jesus züruck zum Haus, während Maria zum Brunnen geht und ihre Amphora füllt.

Im Grundstück des Hauses setzt Josef das Kind herab und trägt Marias Webstuhl ins Haus. Dann melkt er die Ziege und nimmt sie in ihr kleines Kabinett am Haus, während Jesus eifrig zuschaut.

Es wird nun dunkel, als der rote Sonnenuntergang sich auf dem Sand, der von der Hitze zu beben scheint, in ein violett wandelt. Und auf den Pyramiden sieht es noch dunkler aus.

Josef geht ins Haus hinein, in ein Zimmer, das seine Werkstatt, Küche und Esszimmer in einem ist. Ein Feuer knistert bereits in der kleinen Feuerstelle. Es gibt eine Zimmerersbank, einen kleinen Tisch, ein paar Stühle und einige Regale mit zwei Lampen und einiger Küchenware auf ihnen. Marias Webstuhl ist in der Ecke. Das Haus, obwohl es arm ist, ist ordentlich und sehr sauber.

Maria kehrt mit der Amphora zurück und sie schließen die Tür schnell vor der wachsenden Dunkelheit draußen. Der Raum ist von einer Lampe erhellt, die Josef angemacht hat und auf seiner Bank platziert hat, auf welcher er nun an ein paar kleinen Brettern arbeitet, während Maria ein Mahl vorbereitet. Das Feuer in der Feuerstelle erhellt den Raum darüberhinaus. Jesus, der Seine kleinen Hände auf der Bank platziert hat und Seinen kleinen Kopf nach obenstreckt, schaut Josef eifrig bei der Arbeit zu.

Sie kommen zu Tische und Josef führt sie in einem Psalm in ihrem Dialekt aus Nazareth, während Maria antwortet. Sie

setzen sich zum Essen mit der Lampe auf dem Tisch und
Jesus auf Marias Schoß. Maria gibt Ihm ein bisschen
Ziegenmilch zum Trinken. Dann schneidet Sie ein paar
Scheiben Brot von einem runden, braunen Leib aus Brot,
taucht sie in Milch ein und bietet sie Jesus an. Josef isst ein
kleines Stück Käse und viel Brot. Maria setzt Jesus auf einen
Stuhl in Ihrer Nähe und nimmt das gekochte Gemüse- sie
sind gekocht und dressiert, und nachdem Josef sich selbst
geholfen hat, nimmt Maria sich auch etwas, während Jesus
fröhlich an Seinem Apfel knabbert, lächelt und Seine
kleinen, weißen Zähne presentiert.
Sie beenden ihre Mahlzeit mit ein paar harten Datteln und es
gibt kein Wein. Das Essen von armen Leuten.

Aber es herrscht viel Frieden im Raum.

Jesu Erste Arbeitslektion

Ein kleiner, fünf Jahre alter Junge, komplett blond und mit der schönsten Tunika in einem leichten Blau, die halbwegs seine geformten Waden bedeckt, spielt mit ein bisschen Erde in dem kleinen Küchengarten ihres Hauses; Er macht kleine Haufen mit der Erde und pflanzt kleine Este darauf um einen Miniwald zu machen. Dann baut Er kleine Straßen mit Steinen und jetzt möchte er einen kleinen See am Fuße der kleinen Hügel errichten. Also nimmter das Unterteil einer alten Kanne und vergräbt es bis zum Rand. Dann füllt er sie mit Wasser, indem er einen Krug benutzt, welchen er in ein Gefäß taucht, das Wasser enthält, welches zum Waschen und Gießen des kleinen Gartens benutzt wird. Dabei macht er Sein Kleid und seine Ärmel nass. Aber die Kanne hat Risse und somit trocknet sein See aus.

Josef kommt zur Tür und steht dort leise für einige Zeit, während er Jesus bei der Arbeit zusieht und lächelt.

Dann um Jesus davor zu bewahren sich noch nasser zu machen, ruft er Ihn. Jesus dreht sich lächelnd um und als er Josef sieht, rennt er mit seinen kleinen, ausgestreckten Armen zu ihm.

Mit der Ecke seiner Arbeitstunika trocknet Josef Seine kleinen Hände, welche dreckig und nass sind, und küsst sie. Und dann haben die beiden ein Gespräch, in welchem Jesus Sein Spiel, Seine Arbeit und die Schwierigkeiten, die er hat, erklärt; Er wollte einen kleinen See machen wie den See Genezareth - von welchem er gehört hat - einen kleinen See zu Seiner Freude. Dies war der See von Tiberias, da war Magdala und dort drüben Kapernaum. Dies war die Straße nach Nazareth, die durch Kana führt. Er wollte ein paar kleine Boote im See starten; diese Blätter sind die Boote. Und Er wollte ans andere Ufer gelangen. Aber das Wasser läuft aus...

Josef sieht zu und gewinnt an Interesse, als ob es sich um eine ernsthafte Angelegenheit halte. Dann schlägt er vor einen kleinen See am nächsten Tage zu machen, nicht mit einer alten, rissigen Kanne, sondern mit einem kleinen Behälter aus Holz mit Pech und Putz beschichtet, in welchem Jesus kleine, echte Boote aus Holz starten würde. Diese wird Josef Ihm beibringen zu machen. In dem Moment hat er Ihm kleine Werkzeuge passend zu Ihm gebracht, sodass Er lernen kann sie zu benutzen ohne gleich erschöpft zu sein.

'So kann ich dir dann helfen!' sagt Jesus lächelnd.

'So wirst du mir helfen und ein kleverer Zimmerer werden. Komm und schau sie dir an.'

Sie gehen in die Werkstatt und Josef ziegt Ihm einen kleinen Hammer, eine kleine Säge, ein paar sehr kleine Meisel und einen Hobel, der für eine Puppe geeignet ist. All dies ist auf der kleinen Werkbank eines aufstrebenden Zimmerers ausgebreitet; alles passend für Jesu kleine Größe.

'Schau um zu segen musst Du dieses Stück Holz so legen. Dann nimmst Du die Säge so und wenn du sicher bist, dass Du nicht Deine Finger fängst, fängst Du an zu sägen. Probiers....'

Und die Lektion beginnt. Und Jesus, der durch die Mühe errötet und seine Lippen zusammenpresst, sägt das Stück Holz vorsichtig und hobelt es dann und obwohl es nicht perfekt gerade ist, denkt Er, dass es schön ist. Josef lobt Ihn und mit Geduld und Liebe bringt er Ihm bei wie man arbeitet.

Maria, die von Tätigkeiten zurückkehrt, schaut durch die Tür hinein und lächelt über den Eifer, mit dem Jesus mit dem Hobel arbeitet und wie liebend Josef Ihn lehrt.
Ihre Gegenwart spürend, dreht Jesus sich um und rennt zu Ihr um Ihr sein kleines Stück Holz zu zeigen, welches noch nicht fertig ist. Maria bewundert es, dann beugt Sie sich hinunter und küsst Jesus. Sie säubert Seine zerzausten Locken, wischt seinen Schweiß von Seinem heißen Gesicht und hört Jesus mit liebender Aufmerksamkeit zu, welcher verspricht Ihr einen kleinen Stuhl zu machen, damit sie bei der Arbeit bewequemer sitzen kann. Josef, der in der Nähe der kleinen Bank steht mit einer Hand in der Hüfte, schaut zu und lächelt.

Die Rückkehr Nach Nazareth

Der Befehl Ägypten zu verlassen, über vier Jahre nach ihrer Ankunft, ist vom ewiglichen Vater Seinem Sohne in der Gegenwart Seiner Mutter bekannt gegeben. Maria sieht es in Seiner heiligsten Seele widergespiegelt und sieht auch wie Er sich in Gehorsamkeit dem Vater untergibt. Aber weder Mutter noch Sohn geben dies Josef bekannt, denn obwohl Jesus wahrer Gott und Seine Mutter höchst verherrlicht ist über Josef, legt Gott großen Wert in die richtige Ordnung kreierter Dinge und so müssen die Vorbereitungen für die Reise von Josef als Kopf der Familie stammen.
In derselben Nacht spricht ein Engel zu Josef im Schlaf und sagt ihm das Kind und Seine Mutter zu nehmen und zurück in das Land von Israel zu bringen, weil Herodes und die, die das Leben des Kindes suchten, bereits verstorben sind.

Es gibt viel Leid und Sorge unter Ihren Freunden und Bekannten, welchesich laut beschweren und weinen wegen des großen Verlustes ihrer Wohltäterin. Die heilige Familie macht sich auf den Weg nach Palästina in Begleitung der Engel wie bei ihrer Hinreise und überall wo sie hingehen, verteilen sie Gnaden und Segen; die Neuigkeiten über ihr Kommen zieht wieder einmal Mengen von Kranken und

Bekümmerten an, welche alle Entlastung in Körper und Seele finden, da viele geheilt , Dämonen ausgetrieben und Seelen erleuchtet werden.

Sie finden ihr Zuhause in Nazareth in gutem Zustand, welches sie Josefs Cousin überlassen haben.

Maria tritt herein und wirft sich nieder in Anbetung zum Herren und Dankbarkeit dafür, dass er sie Heil aus der Boshaftigkeit Herodes gebracht hat, sie von Gefahren auf ihrer langen und anstrengenden Reise und Verbannung bewahrt hat und dass er sie Heil nach Hause gebracht hat in Begleitung ihres Sohnes, welcher nun in Jahren, Gnaden und Tugenden gereift ist.
Wiedereinmal richten sie sich ihr Zuhause ein und ordnen ihr Leben, sodass Maria weiterhin Anweisungen von Ihrem Sohn erhält und für Ihn und Ihren Mann sorgt, während Josef als Kopf der Familie arbeitet um einen Unterhalt für Jesus und Maria zu verdienen.

Kurz nach der Ankunft in Nazareth beschließt Jesus Marias Liebe und all Ihre Tugen zu stärken, um die Stufe von Marias Heiligkeit nur unter der von Gott zu stellen. Plötzlich, ohne Warnung, ist er vorbehalten, zieht sich von Ihrer inneren Sicht zurück, stellt Seine Anzeichen der Zuneigung für Sie ein, zieht sich aus Ihrer Begleitung zurück und obwohl Er physisch gegenärtig bleibt, spricht Er nur noch ab und an mit Ihr und sogar dann nur mit großer Erhabenheit.

Diese unerwartete Wandlung ist die Schmiede, in der das reinste Gold von Marias Liebe wieder einmal für Ihren Herren gereinigt wird, während Ihr Herz, wie von einem Pfeil durchbohrt, vor Trauer gezerrt ist. Da sie keine

Erklärung für das Verhalten erhalten hat, sie darüber überrascht ist und nicht weiß, was der Grund sein könnte, nimmt Maria in Ihrer Demut Zuflucht und schreibt diese Aktionen Ihrer Undakbarkeit und Ihren Versäumnissen zu. Sie ist voller Furcht nicht so sehr wegen der Entziehung Seiner erfreulichen Gnaden, sondern weil Sie in Seinem Dienste zu kurz gekommen ist und somit Ihm misfallen hat. Sie performt heldenhafte Taten aller Tugenden, dabei demütigt Sie sich bis unter den Staub, Sie verehrt Ihren Sohn, dankt dem ewiglichen Vater für Seine bewundernswerten Werke und Segenssprüche, sucht immer nach Seinem Willen, um Ihn in allen Dingen zu erfüllen, immer wieder erneut Sie Ihre Taten des Glaubens, der Hoffnung und Liebe, und hält tränenreiche Gebete aus, in denen Sie Ihre Trauer vor dem Thron Gottes ausgießt.

Ihre liebenden Seufzer und zarte Suneigung verwunden Sein Herz, aber Er behält Seine äußere Zurückhaltung, indem Er Sie jedes mal vermeidet, wenn Sie das Gespräch mit Ihm sucht. Solch ein Vermeiden intensiviert nur Ihre Trauer und neigt Sie dazu Ihn noch mehr zu suchen und dies geschieht für dreißig Tage-genauso viele Jahre in Ihrer Einschätzung wie es unmöglich ist auch nur einen Moment ohne Ihren Geliebten zu leben-sodass die Flammer der Liebe in Ihrem Herzen zu einem heftigen Feuer entbrannt ist.

Irgendwann geht die liebende Mutter auf Ihn zu wirft sich zu Füßen Ihres Sohnes und verehrt Ihn und bettet um Seine Vergebung:

'Meine süßeste Liebe und höchstes Gut.....Falls ich nicht eifrig genug war Dir zu dienen, wie ich es gehemmt bin zu beichten, strafe meine Nachlässigkeit und vergib mir. Aber

lass mich, mein Sohn und Herr, die Freude Deiner Gegenwart sehen, welche meine Erlösung und das Licht meines Lebens ist. Hier lege ich zu deinen Füßen meine Armut und mische micht mit dem Staub, und ich werde mich nicht erheben bis ich wieder in den Spiegel sehen kann, welcher meine Seele reflektiert.'

Das Herzen des Kindes, Jesus, nach den dreißig Tagen, kann nicht mehr dieser immensen Kraft Seiner Liebe zu Seiner süßesten Mutter widerstehen, denn auch Er leidet eine wunderbare Gewalt, indem Er sich von Ihr distanziert.

"Meine Mutter, erhebe dich." sagt Jesus, einfach. Aber diese Worte versetzen Maria in Begeisterung, Ihre Vision der Göttlichkeit ist wieder hergestellt, und Sie sieht wie der Herr Sie mit der wärmsten Umarmung, die eines Vaters oder Ehepartners, aufnimmt, Ihre Tränen wandeln sich zur Freude, Ihr Leiden zu Glückseligkeit, Ihre Bitterkeit zur höchsten Süße.

Maria lehrt Jesus, Judas und Jakob

Die Geräusche von Josefs Arbeit in der Werkstatt in Nazareth wandern in die Still des Esszimmers, wo Maria ein paar Streifen Wolle näht, welche Sie selbst gewebt hat. Die Streifen sind ungefähr ein an halb Meter mal drei Meter lang, von welchen Sie plant Josef einen Mantel zu machen.

Gesträubte Hecken aus kleinen violetblauen Gänseblümchen sind in voller Blüte und können durch die offene Tür, welche in den Küchengarten führt, gesehen werden. Sie verkünden den Herbst, obwohl die Pflanzen im Garten noch dick sind und ein wunderschönes, grünes Blätterwerk besitzen.

Bienen von zwei Bienenstöcken, welche gegen eine sonnige Wand lehnen, fliegen im hellen Sonnenlicht herum. Dabei brummen und tanzen sie vom Feigennbaum zu den Weinstöcken und dann zum Granatapfelbaum, welcher voller runder Früchte ist, von welchen einige schon aufgeplatzt sind von dem überdurchschittlichen Wachstum. Diese enthalten Stränge von fruchtigen

Rubinen, welche in einem grünroten Kästchen angereit und in gelbe Abteile geteilt sind.

Jesus mit Seinem kleinen, blonden Kopf wie ein Feuer von Licht spielt unter den Bäumen mit zwei Jungs, seine Cousins Jakob und Judas, welche in Seinem Alter sind. Sie haben lockige Haare, sind aber nicht blond.

Ganz im Gegenteil, einer hat sehr dunkle Locken, welche sein kleines, rundes Gesicht weißer erscheinen lassen, und zwei wunderschöne, große, weitgeöffnete, blauviolette Augen.

Der andere hat weniger Locken und sein Haar ist dunkelbraun, seine Augen sind auch braun und seine Hautfarbe dunkler, mit einem pinken Farbton auf seinen Wangen.

Die drei Kinder spielen Geschäfte in perfekter Harmonie mit kleinen Wägen auf denen verschieden Artikel sind: Blätter, kleine Steine, Holzraspeln, kleine Holzstücke.

Jesus ist der, der Sachen für Seine Mutter kauft, zu welcher er jetzt eine Sache bringt und dann eine andere. Maria akzeptiert all die Einkäufe mit einem Lächeln.

Dann ändert sich das Spiel. Jakob, einer der zwei Cousins, schlägt vor: 'Lasst uns den Auszug aus Ägypten spielen. Jesus wird Moses sein, ich bin Aaron, und du... Maria.'

'Aber ich bin ein Junge!' protestiert Judas

'Es ist egal. Es ist das Gleiche. Du bist Maria und du sollst vor dem goldenen Kalb tanzen und das goldene Kalb ist der Bienenstock dort drüben.'

'Ich werde nicht tanzen. Ich bin ein Mann und möchte nicht eine Frau sein. Ich bin ein treuer Glaubender und ich werde nicht vor einem Idol tanzen.'

Jesus unterbricht sie: 'Lasst uns nicht diesen Teil spielen. Lasst uns diesen anderen spielen: Als Joshua als Moses Nachfolger gewählt wird. Sodass es keine schlimme Sünde durch Götzendienste gibt und Judas wird sich freuen ein Mann und Mein Nachfolger zu sein. Bist du froh?'

'Ja bin ich, Jesus. Aber dann musst du sterben, weil Moses danach stirbt. Aber ich möchte nicht, dass Du stirbst; ich habe dich immer so liebgehabt.'

'Jeder stirbt.... aber bevor ich sterbe, soll ich Israel segnen, und da ihr die einzigen seid, die hier sind, soll ich ganz Israel in euch segnen.'

Sie stimmen zu. Dann gibt es ein Argument: ob das Volk Israel nach so viel Reisen immer noch dieselben Wagen hatte, wie bei dem Verlassen von Ägypten. Es gibt verschiedene Meinungen.

Sie wenden sich zu Maria. Mama, ich sage die Israeliten hatten immer noch ihre Wagen. Jakob sagt, dass hatten sie nicht. Judas weiß es nicht. Wer hat Recht? Weißt du es?'

'Ja, Mein Sohn. Die nomadischen Völker hatten immer noch ihre Wagen. Sie reparierten sie, wenn sie Halt machten. Die schwächeren Menschen sind in den Wagen gereist und auch die Essenssachen und die vielen Dinge, die für so viele Menschen notwendig waren, waren in ihnen geladen. Mit Ausnahme der Bundeslade, welche bei Hand getragen wurde, war alles andere in den Wagen.'

Da die Frage nun beantwortet ist, gehen die Kinder zum unteren Teil des Obstgarten und von dort singen sie Psalme und machen sich auf den WEg in Richtung des Hauses. Jesus führt die Psalme an in seiner sanften, silbernen Stimme, gefolgt von Judas und Jakob, welche einen kleinen Wagen, der zum Rang des Tabernakels erhoben ist, halten.

Aber da sie auch den Teil des Volkes spielen müssen, zusätzlich zu Aaron und Joshua, haben sie mit ihren Gürteln andere kleine Wagen an ihre Füße gebunden und so schreiten sie fort wie ernsthafte, echte Schauspieler.

Sie vervollständigen die ganze Länge der Laube und als sie vor die Tür von Marias Zimmer kommen, sagt Jesus: 'Mama, verehre die Bundeslade, wenn sie vorbeikommt.' Maria steht lächelnd auf und verbeugt sich zu Ihrem Sohn, als er vorbeizieht, leuchtend durch das helle Sonnenlicht.

Dann klettert Jesus auf die Seite des Hügels, welcher sich außerhalb der Grenzen des Gartens formt, stellt sich aufrecht am Gipfel des Hügels und spricht zu... Israel. Er wiederholt die Befehle und Versprechungen Gottes. Dann wählt Er Joshua als Führer, ruft ihn und dann klettert Judas den Hügel hoch. Jesus-Moses ermutigt und segnet Judas-Joshua und dann fragt er nach einer... Tafel (ein großes Feigenblatt), schreibt den Lobgesang und liest ihn. Es ist nicht ganz komplett, aber entält den größten Teil, und Er scheint es vom Blatt abzulesen. Dann entlässt Er Judas-Joshua, welcher Ihn weinend umarmt. Jesus-Moses steigt dann weiter hinauf, bis zur Kante der Klippe, von wo Er ganz Israel segnet, das ist, die zwei, welche sich nun auf den Boden werfen. Dann legt Er sich auf das kurze Gras, schließt Seine Augen und... stirbt.

Als Sie Ihn auf den Boden liegen sieht, schreit Maria, welche alles von der Tür lächelnd beobachtet hat: 'Jesus, Jesus! Steh auf! Leg Dich nicht so hin! Deine Mama möchte Dich nicht Tod sehen!'

Jesus steht lächelnd auf, rennt zu Ihr und küsst Sie. Jakob und Judas kommen auch herunter und erhalten Marias Liebkosungen.

'Wie kann sich Jesus den Lobgesang merken, welcher so lang und schwer ist und all diese Segen?' fragt Jakob.

Maria lächelt und antwortet: 'Sein Gedächtnis ist sehr gut und er passt gut auf, wenn ich lese.'

Ich passe auch in der Schule auf. Aber dann werde ich immer schläfrig von all dem blabla... werde ich dann niemals lernen?'

'Du wirst lernen, sei gut.'

Es klopft an der Tür und Josef geht schnell rüber durch den Obstgarten und öffnet die Tür.

'Friede sei mit euch, Alphaeus und Maria' grüßt Josef seinen Bruder und Schwägerin, welche ihren rustikalen Wagen und gesund aussehenden Esel auf der Straße gelassen haben.

'Und mit dir, und Segen!'

'Hattet ihr eine gute Reise?'
'Sehr gut. Und die Kinder?'
'Sie sind im Garten mit Maria.'

Aber die Kinder sind gekommen um ihre Mutter zu grüßen. Und auch Maria, die Jesus an der Hand hält. Die zwei Schwägerinnen küssen sich Willkomen.

'Haben sie sich gut verhalten?' fragt Alphaeus Maria.

'Sehr gut und sehr brav' antwortet Maria. 'Geht es den Verwandten gut?'

'Ja, allen geht es gut. Sie senden Dir ihre Grüße. Und sie haben Dir viele Geschenke aus Kana geschickt: Trauben, Äpfel, Käse, Eier, Honig......
Und....Josef?..... Ich habe das gefunden, was du für Jesus wolltest. Es ist im Wagen, im runden Korb.' fügt Alphaeus Maria hinzu, während sie sich zu Jesus beugt, welcher sie mit großen Augen anschaut.
'...... Weißt Du was ich für Dich habe?....Rate mal.' fragt sie, als sie Seine zwei Streifen des blauen Himmels küsst.

Jesus denkt nach, aber Er kann es nicht erraten.... vielleicht mit Absicht, damit er Josef die Freude geben kann Ihn überrascht zu haben. Tatsächlich kommt Josef mit einem großen, runden Korb herein, legt ihn auf den Boden vor Jesus und bindet das Seil auf, welches den Deckel auf dem Korb hält und hebt ihn hoch.... un ein kleines, weißes Schaaf, eine echte Flocke aus Schaum, erscheint, welches im sauberen Heu schläft.

'Oh!' ruft Jesus, richtig überrascht und voller Freude. Er will gerade zum kleinen Tier gehen, aber dreht dann um und rennt zu Josef, welcher immer noch vor dem Korb kniet. Er küsst ihn und dankt ihm.

Die zwei kleinen Cousins schauen die kleine Kreatur mit Bewunderung an, welche nun wach ist und seinen kleinen, rosigen Kopf erhebt, blökt, und nach seiner Mutter sucht. Sie nehmen es aus dem Korb und geben es eine Handvoll Klee und es durchstöbert, während es mit seinen milden Augen umher sieht.

'Für mich! Für mich! Danke Vater!' singt Jesus freudig.

'Magst du es so sehr?'

'Oh! Wirkich sehr! Weiß, rein.... ein kleines Lamm.....Oh!' Und Er wirft Seine kleinen Arme um den Hals des Schaafes, legt Seinen blonden Kopf auf den kleinen Kopf des Schaafes und verweilt so, glücklich.

'Ich habe noch zwei weitere für euch gebracht' sagt Alphaeus zu seinen Söhnen. Aber sie sind dunkel. Ihr seid nicht ganz so sauber wie Jesus und eure Schaafe würden immer schmutzig sein, wenn sie weiß wären. Sie werden eure Herde sein; ihr werdet sie zusammenhalten und somit werdet ihr nicht mehr auf der Straße herumbummeln, ihr zwei kleinen Bengel, und sich einander mit Steinen bewerfen.'

Judas und Jakob rennen zum Wagen und schauen auf die zwei anderen, kleinen Schaafe, welche eher schwarz als weiß sind, während Jesus Sein Schaaf in den Garten bringt, es ein bisschen Wasser zum Trunken gibt und das kleine Haustier folgt Ihm, als ob es Ihn schon immer kannte. Jesus winkt es zu sich und nennt es "Schnee" und das Schaaf blökt fröhlich als Antwort.

Die Gäste sitzen am Tisch und Maria bietet ihnen ein bisschen Brot, Oliven, Käse und einen Krug mit einer blassen Flüssigkeit, welche Apfelwein sein könnte oder etwas Wasser mit Honig versüßt.

Die Erwachsenen reden, während die drei Jungs mit ihren Tieren spielen, welche Jesus zusammen haben möchte, damit Er ihnen Wasser und einen Namen geben kann. 'Deins, Judas, wird "Stern" genannt, weil es ein Mal auf seiner Stirn hat.......Und der Name deines Schaafes wird "Flamme" sein, weil es die lodernden Farben vertrockneter Heide besitzt.'

'Abgemacht.'

Die Erwachsenen reden und Alphaeus sagt 'Ich hoffe ich habe die Sache erledigt mit den stetigen Streitigkeiten der Jungs. Ich habe die Idee dazu bekommen von deiner Nachfrage, Josef. Ich habe zu mir gesagt: "Mein Bruder möchte ein kleines Schaaf für Jesus, sodass Er etwas zum Spielen hat. Also werde ich zwei weitere für diese ungezogenen Jungs besorgen um sie ein bisschen ruhig zu halten und um die andauernden Argumente mit anderen Eltern über zerschrammte Köpfe und zerkratzte Knie zu vermeiden.... mit der Schule und mit den Schaafen, werde ich es schaffen sie ruhig zu halten." Aber dieses Jahr wirst auch du Jesus zur Schule schicken müssen. Es ist Zeit dafür.'

'Ich werde Jesus niemals zur Schule schicken.' sagt Maria energisch. Es ist ziemlich unnormal Sie in diesem Ton zu hören und noch unnormaler Sie vor Josef zu hören.

'Wieso? Das Kind muss lernen um rechzeitig bereit zu sein um Sein Examen zu bestehen, wenn Er volljährig wird...'

'Das Kind wird bereit sein. Aber Er wird nicht zur Schule gehen. Das ist ziemlich sicher.'

'Du wirst die einzige Frau in Israel sein, die das macht.'

'Ich werde die einzige sein. Aber das ist, was ich tun werde. Ist das nicht wahr, Josef?'

'Ja, das ist korrekt. Es gibt keinen Grund für Jesus zur Schule zu gehen. Maria wurde im Tempel aufgebracht und

Sie kennt das Gesetz genauso gut wie jeglicher Gelehrter. Sie wird Sein Lehrer sein. Das möchte ich auch so.'

'Ihr verwöhnt den Jungen.'

'Du kannst das nicht sagen. Er ist der beste Junge in Nazareth. Hast du Ihn jemals weinen hören, oder gesehen, dass er frech ist, oder ungehorsam oder Ihm Respekt fehlt?'

'Nein. Das ist wahr. Aber Er wird all das tun, wenn ihr Ihn weiterhin verwöhnt.'

'Du verwöhnst deine Kinder nicht unbedingt, nur weil du sie Zuhause hälst. Sie Zuhause zu halten bedeutet, dass du sie mit gutem Menschenverstand und ganzem Herzen liebst. Und so lieben wir unseren Jesus. Und da Maria besser gebildet ist als ein Lehrer, wird Sie Jesu Lehrer sein.'

'Und wenn dein Jesus ein Mann ist, dann wird Er wie eine kleine, dümmliche Frau sein, die sogar Angst vor Fliegen hat.'

'Das wird Er nicht. Maria ist eine starke Frau und Sie wird Ihm eine männliche Bildung geben. Ich bin kein Feigling und ich kann Ihm männliche Beispiele geben. Jesus ist eine Kreatur ohne jegliche physikalische oder moralische Fehler. Daher wird er aufrecht und stark aufwachsen, sowohl in Seinem Körper als auch im Geist. Da kannst du dir sicher sein, Alphaeus. ....Er wird keine Schande für die

Familie sein.......In jedem Fall, dies ist was ich entschieden habe und so bleibt es.'

'Vielleicht hat Maria das so entschieden und du...'

'Und wenn es so wäre? Ist es nicht gerecht, dass zwei, die sich lieben, dieselben Gedanken und Wünsche haben sollen, sodass jeder die Wünsche des anderen als die seinen akzeptiert?... Falls Maria sich dumme Sachen wünschen würde, würde ich "Nein" zu ihr sagen. Aber Sie bittet um etwas, das voller Weisheit ist und ich stimme zu, und ich mache es meinen eigenen Wunsch. Wir lieben einander, wir machen es so wie am ersten Tag, und wir werden dies tun bis zum Ende unseres Lebens. Da stimmt doch Maria?'

'Ja, Josef. Und hoffen wir mal, dass das nicht passiert, aber wenn einer von uns sterben soll ohne den anderen, dann werden wir weiterhin einander lieben.'

Josef klopt Maria auf den Kopf, als ob Sie eine junge Tochter wäre und Sie sieht ihn mit Ihren heiteren, liebenden Augen an.

'Du hast Recht!' stimmt Alphaeus Maria zu. 'Ich wünschte ich könnte lehren! Unsere Kinder lernen sowohl Gutes als auch Schlechtes in der Schule. Zuhause lernen sie nur was gut ist. Aber ich weiß nicht ob.....falls Maria....'

'Was möchtest du, Meine Schwägerin. Sprech offen. Du weißt, dass Ich dich liebe und Ich glücklich bin, wenn ich etwas tun kann, dass dich zufriedenstellt.

'Ich habe mir gedacht...Jakob und Judas sind nur ein bisschen älter als Jesus. Sie gehen bereits zur Schule...für was sie bisher gelernt haben!...Jesus andererseits, kennt das Gesetz schon sehr gut...Ich würde gerne...eh, ich meine, wenn ich Dich bitten würde sie auch zu nehmen, wenn Du Jesus unterrichtest? Ich denke sie würden sich besser verhalten und mehr gebildet sein. Immerhin sind sie Cousins und es ist gerecht, dass sein einander wie Brüder lieben. Oh! Ich würde so glücklich sein!'

'Falls Josef es will, und dein Mann zustimmt, bin ich dazu bereit. Es ist das gleiche ob ich jetzt zu einem spreche oder zu drei. Und es ist eine Freude durch die ganze Bibel zu gehen. Lass sie ruhig kommen.'

Die drei Kinder, die ruhig eingetreten sind, hören zu und erwarten gespannt die Entscheidung.

'Sie werden dich zur Verzweiflung führen, Maria.' sagt Alphaeus.

'Nein! Sie sind immer gut zu Mir. Ihr werdet euch gut Verhalten, wenn ich euch lehre, oder?

Die zwei Jungen treten heran und stehen zu beiden Seiten von Maria, legen ihre Arme um Ihre Schultern, lehnen ihre Köpfe an Ihre Schultern und versprechen alles Gute der Welt.

'Lass sie es versuchen, Alphaeus, und lass Mich es versuchen. Ich bin mir sicher, dass du mit dem Test nicht unzufrieden sein wirst. Sie können jeden Tag zur sechsten Stunde (Mittag) bis zum Abend (18Uhr-Sonnenuntergang) kommen. Es wird genug sein, glaube Mir. Ich weiß wich sie unterrichten muss ohne sie zu ermüden. Du musst ihre Aufmerksamtkeit aufrecht halten und sie gleichzeitig ausruhen lassen. Du musst sie verstehen, sie lieben und von ihnen geliebt werden, um gute Ergebnisse zu erhalten zu wollen. ...Und ihr werdet Mich lieben, oder?'

Und Maria erhält zwei große Küsse als Antwort.

'Siehst du?'

'Ich sehe. Ich kann nur sagen: "Danke Dir." Und was wird Jesus sagen, wenn Er sieht, dass seine Mama mit anderen beschäftigt ist? Was sagst Du, Jesus?'

'Ich sage: "Fröhlich sind die, die Ihr zuhören und ihr Leben neben Ihr bauen." In Bezug auf Weisheit, fröhlich sind die, die Freunde Meiner Mutter sind, und ich bin froh, dass diese, die ich Liebe, Ihre Freunde sind.'

'Aber wer legt solche Worte auf die Lippen dieses Kindes?' fragt Alphaues verwundert.

'Niemand, Bruder. Niemand von dieser Welt.'

Und so wird Maria die Lehrerin von Jesus, Judas und Jakob und die drei Jungs, Cousins, wachsen in der Liebe zueinander wie Brüder, ewrden zusammen groß, "wie drei Sprößlinge von einem Pfosten unterstützt"...Jesus ist Ihr Schüler genause wie Seine Cousins es sind. Und durch diese Ähnlichkeit eines normalen Lebens, ist das "Siegel" von Gottes Geheimnis erhalten, das die Ermittlung des Bösen einstellt.

Vorbereitung für Jesu Volljährigkeit

Maria beugt sich über ein Steingefäß und benutzt einen Stock um den Inhalt zu rühren, welcher die kühle, klare Luft des Küchengartens mit Dampf füllt.

Sie trägt ein schweres, dunkelbraunes Kleid, so dunkel, es ist fast schwarz, und eine Schürze, die aus rauen Stoffstücken besteht, zum Schutz.

Draußen ist es tiefster Winter und mit Ausnahme der Olivenbäume, sind alle Pflanzen und Bäume kahl und stehen wie Skelette im klaren Himmel, im wunderschönen Sonneschein, welcher nichts von der bitteren Kälte des Windes nimmt, welcher die kahlen Äste und die kleinen grün-grauen Zweige des Olivenbaums rüttelt.

Maria nimmt den Stock aus dem Gefäß und kommt mit vielen langen Rollen aus schneeweißer Wolle, welche sie vorsichtig und geduldig in den Bottich eintaucht, einer nach dem Anderen. Während Sie arbeitet, Alphaeus Maria, die aus Josefs Werkstatt kommt, tritt herein und sie grüßen sich und reden.

'Läuft alles gut?' fragt Alphaeus Maria.

'Ich hoffe doch.'

'Diese nichtjüdische Frau hat mir versichert, dass dies genau die Farbe ist und dass sie es genauso in Rom machen. Sie hat es mir nur wegen Dir gegeben gegeben, wegen der Stickerei, die du für Sie gemacht hast.... Sie sagte, dass es nicht einmal in Rom jemanden gibt, der so gut sticken kann. Du musst erblindet sein, als du es gemacht hast....'

'Es war nur eine Kleinigkeit!' sagt Maria lächelnd und Kopf schüttelnd.

Alphaeus Maria schaut auf die letzte Wollrolle bevor sie diese Maria gibt. Wie wunderschön du sie gesponnen hast! Sie sind so dünn und fein, dass sie wie Haare aussehen... Du machst alles so gut. Und Du bist so schnell!... werden diese letzten eine hellere Farbe sein?'

'Ja, sie sind für die Tunika. Der Mantel ist dunkler.'

Beide Frauen arbeiten zusammen am Bottich. Dann nehmen sie die Rollen aus einer wunderschönen, lilanen Farbe, rennen schnell um sie in eiskaltes Wasser zu tauchen in einem kleinen Gefäß unter der dünnen, tröpfelten Quelle aus seichtem, blubberndem Wasser, sie spülen sie wieder und wieder aus und legen sie dann auf Stöcke, die durch die Zweige der Bäume gehalten werden.

'Sie werden gut und schnell trocknen durch diesen Wind.' sagt Alphaeus Maria.

'Lass uns zu Josef gehen. Dort ist ein Feuer im Inneren. Du musst frieren.' sagt Maria. Es war sehr nett von dir Mir zu helfen. Ich habe es schnell gemacht und ohne viel Leisten zu müssen. Ich danke dir sehr.'

'Oh! Maria! Was würde ich nicht für Dich tun! In Deiner Nähe zu sein ist eine große Freude. Und dann... all diese Arbeit ist für Jesus. Und Er ist so ein Lieber, Dein Sohn!.... Ich werde mich fühlen, als ob Er auch mein Sohn ist, wenn ich Dir mit Seinem Fest zur Volljährigkeit helfe.'

Die zwei Frauen treten in die Werkstatt ein, welche nach gehobeltem Holz riecht, eine typische Werkstatt eines Zimmerers.

Jesus ist zu einem großen, starken, gut gebauten, schlanken und gut aussehenden zwölfährigen Jungen geworden, welcher älter aussieht als Sein Alter. Er reicht bereits zu den Schultern seiner Mutter und sieht nun mehr wie ein jüngerer Bruder aus für Seine sehr junge Mutter. Sein blondes, lockiges Haar ist nun länger, reicht bis unter Seine Ohren und sieht wie ein kleiner, goldener Helm aus voll in helle Locken gefertigt, schon ein bisschen dunkler als Er ein Junge war mit rotbraunen Reflektionen. Sie sind nicht mehr die zierlichen Locken Seiner Kindheit und noch nicht die welligen, langen Haare seiner Männlichkeit, welche zu Seinen Schultern reichten und in einer weichen, großen Locke endeten. Aber sie ähneln schon mehr den letzteren in Farbe und Stil.

Sein rosiges, rundes Gesicht ist immernoch das Gesicht eines Kindes, aber später, in Seiner Jugend und Seiner Männlichkeit, wird es dünner werden und seine rosige Farbe verlieren und sich in delikates Alabaster mit einem gelbpinken Farbton wandeln.

Seine Augen, immernoch die eines Kindes, sind natürlich groß und weit offen, mit einem Funkeln vor Freude in der Ernsthaftigkeit Seines Blickes. Später werden sie sich nicht so weit öffnen...Seine Wimpern werden die Hälfte von den Augen bedecken um Seine reine und heilige Seele vor der übergroßen Boshaftigkeit dieser Welt zu bewahren. Nur wenn Er Wunder bewirkt, werden sie offen und hell sein, heller als sie es jetzt sind.... um Dämonen auszutreiben, Tote aufzuerwecken, Kranke zu heilen und Sünden zu vergeben. Das Funkeln von Freude gemischt mit Ernsthaftigkeit wird dann auch in der Nähe von Tod, Sünde und des menschlichen Wissens der Nutzlosigkeit Seines Opfers verschwinden wegen des Widerwillens und Abneigung der Menschen.... Nur in raren Momenten der Freude, wenn Er unter treuen Gläubigen ist, besonders reinen Leuten, meist Kindern, werden Seine heiligen, milden, freundlichen Augen wieder mit Freude aufstrahlen. Jetzt ist er mit Seiner Mutter und Josef Zuhause, er lächelt liebend, Seine kleinen Cousins, die Ihn verehren, und Seine Tante, Alphaeus Maria, die Ihn sanft klopft sind da.....Er ist glücklich....Er braucht Liebe um glücklich zu sein und in diesem Moment hat er Liebe.

Er trägt eine wunderschöne, hell rubinrote, wollene Tunika, die Ihm bis zu den Gelenken riecht, sodass nur Seine Sandalenschnalle gesehen werden kann. Die Tunika ist locker, perfekt versponnen in ihre kompakte Dünne und hat lange, weite Ärmel. Die Säume um den Hals, die Enden Ärmel und das untere Ende, welches bis zum Boden hängt, haben wunderschöne, griechische Verzierungen, in einem dunkleren Ton, in das rubine Gewand gesponnen. Es ist das Allerschönste und Alphaeus Maria bewundert Marias Arbeit und lobt die Tunika.

Seine Sandalen sind neu und von guter Qualität. Nicht so einfach wie die, die Er als Kind getragen hat.

'Hier ist dein Sohn' sagt Maria und hebt Jesus linke Hand mit Ihrer rechten. Sie scheint Ihn vorzustellen und bestätigt Seine Vaterschaft. Jesus lächelt. 'Segne Ihn, Josef' fügt Maria hinzu 'bevor er nach Jerusalem geht. Es gab keinen ritualen Segen für Seinen ersten Schritt im Leben, da es nicht notwendig war für Ihn zur Schule zu gehen. Aber nun, da er zum Tempel geht um Volljährigkeit zu erhalten, bitte segne Ihn. Und segne Mich mit Ihm. Dein Segen....' schluchzt Maria sanfte '...wird Ihn stärken und Mir die Kraft geben Mich ein bisschen mehr von Ihm zu lösen....'

Maria, Jesus wird immer Deins sein. Die Formalität wird keinen Einfluss auf unsere gemeinsame Beziehung haben. Noch werde ich zufrieden mit Dir zufrieden sein für diesen Sohn, der uns so am Herzen liegt. Niemand verdient es so wie Du Ihn im Leben zu führen, Oh meine heilige Partnerin.'

Sich beugend nimmt Maria Josefs Hand und küsst sie, Ihr respektvoller Umging mit ihrem liebenden Gatten.

Josef empfängt das Zeichen der Liebe und des Respekts mit Würde und legt dann die Handfläche der Hand, die geküsst wurde, auf Ihren Kopf und sagt feierlich: 'Ja, ich segne Dich, Oh Gesegnete, und ich segne Jesus mit Dir....' und er legt die Handfläche der anderen Hand auf Jesu Kopf '....Kommt zu mir, meine einzigen Freuden, meine Ehre und die Essenz meines Lebens.' verkündet Josef über die verbeugten Köpfe, gleich blond und heilig '..... Möge der Herr auf Euch blicken und Euch segnen. Möge Er Euch Barmherzigkeit schenken und Frieden geben. Möge der Herr Euch Seinen Segen geben...' und dann fügt er hinzu '....Und nun lasst uns gehen. Es ist eine gute Stunde um die Reise zu beginnen.'

Maria nimmt einen breiten, dunkelbraunen Mantel und wirft ihn über den Körper Ihres Sohnes, während Sie Ihn sanfte dabei streichelt.

Sie schließen die Tür hinter sich zu und machen sich auf den Weg nach Jersualem mit anderen Pilgern, die in dieselbe Richtung gehen.

Außerhalb des Dorfes teilen sich die Frauen von den Männern aber die Kinder gehen wo sie möchten. Jesus bleibt bei Seiner Mutter.

Die Pilger reisen durch das Land, wunderschön in der Frühlingszeit und singen meister Zeit Psalme. Die Weiden und das Getreide in den Feldern sind frisch und die Blätter in den Bäumen haben zu blühen begonnen. In den Feldern an der Straße singen den Männer mit ihnen und auch die Vögel singen ihre Liebeslieder auf ihren Banken und die kleinen Lämmer springen herum und bleiben in der Nähe ihrer Mütter. Es gibt Frieden und Fröhlichkeit under dem lieblichen Aprilhimmel....

Jesus Wird im Tempel Geprüft wenn Er Volljährig ist

Es ist das Fest des Ungesäuerten Brotes (Pascha und geht sieben Tage lang. Der erste und der letzte Tag des Gebetes sind die wichtigsten und somit bleiben die Pilger in Jerusalem für die Dauer des Festes.

Leute laufen rein und raus durch die Tempeltore, durchqueren Höfe, Hallen, Vorbauten, sie verschwinden in diesem oder jenem Gebäude auf verschiedenen Ebenen, in dem Bau des Tempels.

Die Gruppe mit Jesu Familie tritt hinein und singt mit leisen Stimmen Psalme, die Männer vorne und die Frauen hinten. Ander haben sich ihnen beigefügt, vielleicht aus Nazareth oder Jerusalem.

Die Frauen halten im untern Teil an und die Männer gehen weiter zu dem Punkt, wo sie den Allerhöchsten anbeten.

Dann trennt sIch Josef mit seinem Sohn von dem Rest und geht zurück durch ein paar Höfe und geht in ein Zimmer, das aussieht wie eine Synagoge. Er spricht zu einem Leviten, der hinter einen gestreiften Vorhang verschwindet und mit ein paar älteren Priestern zurückkehrt; Doktoren des Gesetzes dazu bestimmt die Gläubigen zu prüfen.

Jesus und Josef verbeugen sich beide tief gegenüber den zehn Doktoren, welche sich voller Würde auf die niedrigen Holzstühle setzen.

'Hier.' sagt Josef. 'Dies ist mein Sohn. Vor drei Monaten und zwölf Tagen hat Er das Alter erreicht, welches das Gesetz als Volljährigkeit beschreibt. Und ich möchte, dass Er sich an die Vorschriften Israels hält.... Ich möchte bitten, dass ihr bemerkt, dass Seine Konstitution beweist, dass er nicht mehr in Seiner Kindheit ist. Und ich bitte, dass ihr Ihn freundlich und gerecht prüft, und was ich, Sein Vater, gesagt habe, als Wahrheit anzunehmen. Ich habe Ihn für dies Stunde vorbereitet und für die Würde des Sohnes im Gesetze. Er kennt die Gebote, die Traditionen, die Entscheidungen, die Bräuche der Fransen* und der Gebetsriemen**, Er weiß wie man die täglichen Gebete und Segen aufsagt.....

* geknotete Fransen die an den Ecken des Gebetsschales getragen werden um die Juden an die Gebote Gottes zu erinnern.
** eine kleine Lederbox, die jüdische Gebete auf Pergament enthält und die von jüdischen Männern zum Morgengebet getragen wird als Erinnerung die Gesetze einzuhalten

.........daher, da Er die Gesetze in sich selbst kennt und in seinen drei Zweigen Halascia, Midrasc und Aggada, kann er sich als Mann verhalten. Daher, wünsche ich, dass ich frei von den Verantwortungen für Sein Verhalten und Seine Sünden bin. Von nun an steht Er unter den Geboten und Er muss selbst die Strafe dafür zahlen, wenn Er diese nicht folgt. Prüft Ihn.'

'Das werden wir. Tritt hervor, Kind. Wie ist Dein Name.'

'Jesus von Josef, aus Nazareth.'

'Ein Nazaräer....Kannst du daher lesen?'

'Ja, Rabbi, ich kann die Worte lesen, die geschrieben sind, und diese, welche in den Worten selbst angedeutet sind.'

'Was meinst Du?'

'Ich meine, dass ich auch den Sinn des Gleichnisses oder der Symbole, die unter dem Anscheinbaren versteckt sind, verstehe, wie eine Perle, die nicht erscheint, sondern im Inneren einer hässlichen Muschel versteckt ist.'

Eine schlaue und sehr weise Antwort. Wir hören dies selten von den Lippen von Erwachsenen; noch dazu von einem Kind und Nazaräer!...'

Die Aufmerksamkeit der zehn ist nun geweckt und ihre Augen verlieren zu keinem Zeitpunkt das wunderschöne, blonde Kind, das versichert auf sie schaut ohne jedoch frech oder ängstlich zu erscheinen.

'Du ehrst Deinen Meister, den du sicherlich genau gelesen hast.'

'Die Weisheit Gottes wurde in seinem gerechten Herzen gesammelt.'

Aber hör dir das an! Du bist ein glücklicher Mann, Vater eines solchen Sohnes!'

Josef lächelt und verbeugt sich von seinem Platz am Ende des Zimmers.

Sie geben Jesus drei Rollen, die alle mit verschieden farbigen Bändern verbunden sind.

'Lese die Rolle mit dem goldenen Band.'

Jesus öffnet die Rolle und liest. Es ist der Dekalog - die Zehn Gebote -, aber nach ein paar Worten, nimmt einer der Richter die Rolle und sagt 'Mach auswendig weiter. Sprich von Deinem Herzen.'
Jesus macht weiter, so selbstsicher, als ob Er immernoch lesen würde und jedes mal wenn Er den Herrn erwähnt, verbeugt Er sich tief.

'Wer hat Dir das beigebracht? Warum machst Du das?'

'Weil der Name heilig ist und er mit einem Zeichen von innerem und äußerlichem Respekt verkündet werden soll. Diener verbeugen sich vor ihrem König, der nur für kurze Zeit König ist und dann zu Staub wird. Zum König der Könige, der höchste Herr Israels, der gegenwärtig ist, auch wenn nur im Geiste sichtbar, sollte nicht jede Kreatur sich verbeugen, da jede Kreatur von Ihm mit ewiglicher Untergebenheit abhängt?

'Sehr klever! Mann: wir raten dir deinen Sohn von entweder Hillel oder Gamaliel unterrichten zu lassen. Er ist ein Nazaräer....aber Seine Antworten geben uns die Hoffnung, dass Er ein neuer, großartiger Doktor wird.'

'Hör zu, Kind, Du sagtest: "Vergesst nicht Festtage zu heiligen. Nicht nur für dich selbst, sondern auch für deinen Sohn und deine Tochter, deinen Diener und deine Magd, sogar für dein Pferd ist es besagt, dass sie am Sabbath nicht arbeiten dürfen." Nun sage mir: Wenn eine Henne ein Ei legt am Sabbath oder ein Schaaf ein Lamm zur Welt bringt am Sabbath, ist es dann legal die Frucht seines Leibes zu nutzen, oder wird das als widerliche Verwehlung angesehen?'

Ich kenne so viele Rabbis; Shammai ist der letzte von ihnen und lebt immernoch, sagen wir, dass ein Ei, dass am Sabbath gelegt wude, gegen die Vorschriften ist. Aber ich denke, dass es einen Unteschied zwischen Menschen und Tieren gibt und jemandem, der einen natürlichen Akt vollzieht, wie eine Geburt. ....Wenn ich ein Pferd zwinge zu arbeiten, bin ich für dessen Sünde verantwortlich, da ich es mit einer Peitsche zur Arbeit nötige..... Aber wenn eine Henne ein Ei legt, welches in ihrem Eierstock gereift ist, oder ein Schaaf ein Kleines zur Welt bringt am Sabbath, weil es bereit war, nein, solch eine Tat ist keine Sünde. ....Weder das gelegte Ei noch das geborene Lamm am Sabath sind eine Sünde in Gottesaugen.'

'Aber warum, wenn doch jegliche Arbeit am Sabbath eine Sünde ist?'

'Denn zu empfangen und gebären ist Teil des Willens des Erschaffers und ist im Zusammenhang mit den Gesetzen, welche Er jeder Kreatur gegeben hat.....Nun, die Henne tut nichts anderes als das Gesetz zu befolgen, gemäß welchem, nach vielen Studen von Wachstum, ein Ei komplett ist und fertig zum legen..... Und das Schaaf befolgt ebenso die Gesetze, die auferlegt wurden von Ihm, der alles erschaffen hat, gemäß dem Gesetze, dass zwei mal im Jahr -einmal in der Frühlingszeit, wenn die Weiden blühen, und wenn die Bäume im Wald ihre Blätter verlieren und Menschen sich verdecken wegen der strengen Kälte -das Schaaf sich paaren soll, sodass es später Milch geben kann, Fleisch und nahrungsreiche Käse, in den gegenüberliegenden Jahreszeiten. Das ist in den Monaten wenn die Mühen des Getreides schwerer sind und die Trostlosigkeit mehr schmerzhaft wegen der beißenden Kälte. Fals daher ein Schaaf, wenn es die Zeit ist, ein kleines Lamm gebärt, oh! Ein kleines Lamm kann auch heilig sein am Alter, denn es ist eine Frucht der Gehorsamkeit zum Erschaffer.'

'Ich würde Ihn nicht weiter prüfen. Seine Weisheit ist größer als die vieler Erwachsener und ist wirklich überraschend.'

'Nein. Er sagte, dass er auch fähig sei die Symbole zu verstehen. Lasst uns Ihn anhören.'

'Erst, lasst Ihn einen Psalm sagen, die Segen und Gebete.'

'Auch die Vorschriften.'

'Ja, wiederhole den Midrashot.'

Jesus wiederholt die lange Litanei "Mach das nicht.... Mach dies nicht..." ohne jegliches Zögern.

'Das ist genug. Öffne die Rolle mit dem grünen Band.'

Jesus öffnet es und will gerade anfangen zu lesen....

'Weiter, ja, weiter.'

Jesus gehorcht.

'Das ist genug. Nun lese und erkläre es, falls Du denkst, dass es eine Symbolik gibt.'

'Im heiligen Wort fehlt sie selten. Es sind wir, die sie nicht sehen und anwenden können. Ich lese: Viertes Buch der Könige, Kapitel zweiundzwanzig, Vers zehn: "Dann informiert Shaphan, der Sekretär, den König: 'Hilkiah, der Hohe Priester, hat mir ein Buch gegeben'; und Shaphan lass es laut in der Gegenwart des Königs. Als er König die Inhalte des Gesetzes Gottes hörte, riss der König seinen Schmuck von sich und gab den folgenden....'

'Les nach all den Namen.'

"...den folgenden Befehl: 'Geh und konsultiere mit Jahwe für mich und die Leute, im Namen von ganz Judäa, über die Inhalte dieses Buches, das gefunden wurde. Tatsächlich muss der Zorn Jahwes groß sein und gegen uns aufflammen, weil unsere Vorfahren sich nicht an das, was in dem Buch steht und gesagt wird, gehalten haben und diese Vorschriften nicht praktiziert wurden..."

'Das ist genug. Dies geschah vor vielen Jahrhunderten. Welches Symbol findest du in einem solch historischen Ereignis?'

'Ich finde, dass Zeit nicht mit etwas Ewiglichem verglichen werden kann. Und Gott ist ewiglich. Und unsere Seele ist ewiglich. Und die Beziehung zwischen Gott und unserer Seele ist ewiglich. Daher bringen die Dinge, die damals bestraft wurden, die gleiche Strafe, wie die Dinge heute, und die Effekte der Fehler sind die gleichen.'

'Das heißt?'

'Israel ist nicht mehr mit der Weisheit, die von Gott kommt, vertraut. Es liegt an IHm, nicht an den armen Menschen, dass wir uns um Erleuchtung bewerben. Und es ist unmöglich Erleuchtung zu besitzen, wenn es keine Gerechtigkeit und Treue zu Gott gibt... Deswegen sündigen Menschen, und Gott in seinem Zorn bestraft sie.'

'Wir sind nicht mehr vertraut? Aber was sagst Du da Kind? Und die sechshundert dreizehn Vorschriften?'

'Die Vorschriften existieren, aber sie sind einfach nur Worte; wir kennen sie, aber wir praktizieren sie nicht.... deswegen sind wir nicht vertraut mit ihnen. Dies ist das Symbol: Jeder Mann, in jeder Zeitperiode, muss den Herrn befragen um Seinen Willen zu kennen und sich an ihn zu halten um zu vermeiden, dass Sein Zorn auf einen selbst gezogen wird.'

'Das Kind ist perfekt. Nicht einmal die Falle in der kniffligen Frage hat Ihn aus der Bahn geworfen. Lasst Ihn uns in die richtige Synagoge bringen.'

Sie gehen in einen größeren, prachtvolleren Raum, wo sie zu allererst Seine Haare kürzen und Josef hebt Seine großen Locken auf.
Dann straffen sie Seine rote Tunika mit einem langen Band, das mehrere Male um seine Hüfte gebunden ist und binden kleine Fransen an Seine Stirn, Arme und Mantelund befestigen sie mit Bolzen. Dann singen sie Psalme und Josef lobt den Herrn mit einem langen Gebet und erfleht alle Segen auf seinen Sohn.

Nach der Zeremonie geht Jesus mit Josef und sie vereinen sich mit ihren männlichen Verwandten, sie kaufen ein Lamm und opfern es als Opfergabe bevor sie zu den Frauen zustoßen.

Maria küsst Jesus als Einen, den Sie seit Jahren nicht mehr gesehen hat. Sie schaut Ihn an, nun männlicher in Seiner Kleidung und in Seinem Haarstil und klopft Ihm auf die Schulter....

Dann gehen sie hinaus.

Jesus Geht in Jersualem Verloren

Nach dem siebentägigen Fest gruppiert sich die heilige Familie mit anderen Pilgern, die aus Nazareth gekommen waren um aus Jerusalem aufzubrechen und nach Nazareth zurückzukehren. Wieder einmal, wie es so sitte ist, sind die Männer getrennt von den Frauen und die Kinder können frei zwischen den Männern oder den Frauen laufen. Jesus nimmt die Gelegenheit um sich von Seinen beiden Eltern zurückzuziehen ohne ihr Wissen. Josef nimmt an, dass das Kind mit Seiner Mutter ist, wie es normalerweise der Fall ist, und berücksichtigt nicht für einen Moment, dass Maria ohne Ihn gehen könnte wegen Ihrer großen Liebe zu Ihm.

Maria hat für Ihren Teil weniger Gründe anzunehmen, dass Jesus mit Josef sein könnte, aber der Herr selbst lenkt Ihre Gedanken um mit heiliger und göttlicher Reflektion, sodass Sein Fehlen zunächst unbemerkt bleibt. Wenn sie dann endlich merkt, dass Ihr Sohn nicht an Ihrer Seite ist, nimmt Sie an, dass Jesus mit Josef geblieben ist zum Trost.

So versichert reisen Maria und Josef einen ganzen Tag und die Pilgerschaft dünnt sich aus, während sich ihre Wege trennen. Eventuell treffen sich Josef und Maria an dem vereinbarten Ort am ersten Abend nach der Abreise von

Jerusalem. Es war eine lange Tagesstrecke; die Betten sind für die Pilger zum Ruhen gemacht. Essen ist vorbereitet und bereit verteilt zu werden. Nur dann merken sie, dass Jesus nicht bei dem jeweiligen Elternteil ist. Sie sind vor lauter Verwunderung geschockt und für eine gewisse Zeit spricht keiner von ihnen. Dann beginnt Maria zu zittern, Ihr Gesicht wird ganz blass, Ihre Augen öffnen sich weit, aber Sie bricht nicht in Tränen aus und weint. Geführt von tiefster Demut, wie sie beide sind, sind beide Eltern von Selbstvorwürfen überwältigt, denn sie haben Jesus vernachlässigt und sie beschuldigen sich selbst für Sein Fehlen. Wenn sie sich ein bisschen erholt haben vor lauter Erstaunung beraten sie sich in tiefster Trauer was gemacht werden muss.

'....Mein Herz kann nicht ruhen, außer wir gehen schnell nach Jerusalem zurück um meinen heiligen Sohn zu finden.' sagt Maria.
Sie beginnen die Suche bei Familie und Freunden, aber keiner hat Jesus seit der Abreise aus Jerusalem gesehen und ihre Antworten vergrößern nur Marias und Josefs Angst. Sie halten nicht an um zu essen und obwohl es dunkel ist, machen sie sich auf den Weg zurück nach Jerusalem. Sie stoppen die Karavanen und Pilger auf dem Weg und befragen sie. Es ist eine weitere Tagesstrecke zurück nach Jerusalem und dann beginnt die verzwickte Suche in der Stadt.

In Tränen und Ächzen halten sie drei ganze Tage aus ohne Essen oder Schlaf gefüllt mit Trauer und Angst. Während der drei Tage überlässt der Herr Maria Ihre natürlichen Resourcen und Gnaden und nimmt spezielle Privilegien von Ihr, mit Ausnahme des Herres der Engel. Und doch, sogar in tiefster Bedrängnis verliert Maria nicht Ihren Frieden, weder bewirtet Sie verärgerte Gedanken, noch erlaubt Sie einen unhöflichen Ton von sich. Weder verfehlt Sie in Ihrer Ehrfurcht und Lob des Herrn, noch hört Sie auf mit Ihren Bitten und Gebeten für die menschliche Rasse.

Durch Gottes Verfügung weiß Maria nicht, wo Sie suchen soll für mehrere Stunden. Es macht keinen Sinn für Sie im Tempel nach einem Kind zu suchen, wo falls Er verloren gegangen wäre in der Stadt hätte zurück zum Tempel gehen können. Dort hätte Er nach Seiner Mutter geweint und die Aufmerksamkeit der Leute oder der Priester, welche Ihm geholfen hätten seine Mutter zu finden, indem sie Notizen an den Toren gelassen hätten, auf sich gezogen.

Obwohl Marias tausend Engelschutz all Ihre Trauer bezeugt, geben sie Ihr kein Zeichen, um das Kind zu finden. Nachdem sie zustimmen sich aufzuteilen um mehr Boden zu decken, suchen Josef und Maria die Straßen und Alleen Jerusalems. Sie beschreiben Ihn zu den Frauen von Jerusalem als 'Wunderschön', 'blond', 'Stark', aber es gibt so viele wie diese Beschreibungen, dass niemand wirklich sagen kann, dass sie Ihn hier oder dort gesehen haben.

Sie entscheidet sich nach Betlehem zu gehen in der Hoffnung, dass sie Ihn dort findet in der Höhle der Geburt, aber die Engel genehmigen dies nicht und sagen Ihr, dass Er nicht so weit weg ist.
Sie findet keine Anzeichen, dass Herodes Archelaus- der Sohn von Herodes dem Großen, welcher die Macht

übernommen hat in 4 B.C.- Jesus als Gefangenen genommen hat und Sie beginnt wirklich zu glauben, dass Er bei Johannes dem Täufer ist.
Am dritten Tag entscheidet Sie sich Ihn zu finden wo Johannes ist, aber die Engel halten Sie davon ab und sagen Ihr, dass Ihr Sohn nicht bei Johannes ist.

Maria erkennt durch Ihre Antwort, dass die Engel wissen wo Ihr Sohn ist, aber versteht, dass sie diese Information von Ihr fern halten auf Befehl vom Herrn. Sie suchen weiter in Jerusalem.

Eine Frau bestätigt, dass ein Kind, das dieser Beschreibung zutrifft, gestern an ihre Tür gekommen ist und für Almosen gebeten hat, welche sie gegeben hat und sie war vor Gnade und Schönheit des Jungens entzückt und sagt;

'Als ich Ihm die Almosen gab, wurde ich von Mitleid überwältigt so ein dankbares Kind in Armut und Not zu sehen.'

Das ist die erste Neugikeit, die Maria von Ihrem Geliebten in Jerusalem erhält und es gibt Ihr Trost. Sie folgt Ihrer Suche und trifft andere, die auf dieselbe Weise von Ihm sprechen, und Sie folgt den Weg der Informationen, welcher Sie ins städtische Hospital bringt, da Sie denkt, dass Jesus unter den Leidenden gefunden werden kann. Im Krankenhaus erfährt Sie, dass ein Kind, auf welches die Beschreibung zutrifft, da war, Almosen gegeben hat und viele getröstet hat. Diese Berichte regen die süßesten Zuneigungen und Gefühle in Marias Herzen an und Sie schickt diese süßen Empfindung aus der Tiefe Ihres Herzen zu Ihrem verlorenem Sohn.

Gerade dann trifft es Sie und Sie denkt, wenn er nicht bei den Armen ist, dann ohne Zweifel würde er im Tempel sein, dem Haus Gottes und des Gebetes.

Die Engel unterstützen diesen Gedanken und sagen Ihr, dass die Stunde Ihres Trostes nahe ist und bitten Sie zum Tempel zu eilen. Josef, der ebenfalls seit drei Tagen voller Sorgen ist, hier und da umhereilend, manchmal mit Maria und andere Male alleine, ohne Essen und Ruhe, wird nun auch bei einem anderen Engel zum Tempel befohlen und vereint sich mit Maria.

Diese drei Tage der Qual von Maria und Josef sind das Symbol für drei andere, zukünftige Tage der Qual.

Am Ende der drei Tage tritt die erschöpfte Maria in den Tempel ein, läuft durch die Höfe und Hallen. Nichts. Sie rennt, arme Mutter, wenn Sie die Stimme eines Kindes hört und sogar das Blöken von Lämmern gibt Ihr den Eindruck, dass sie Ihr Kind weinen hört und es nach Ihr sucht. Aber Jesus weint nicht. Er lehrt.

Jesus Diskutiert mit den Doktoren im Tempel

Es ist der dritte Tag, seitdem Jesus sich an den Stadttoren umgedreht hat und den Willen des Vaters kennt. Er eilt durch die Straßen zurück und er weiß durch Seine göttliche Vorsehung das Leid, dass dies mit sich bringen wird und Er opfert das Leiden zum Vater für das Wohlwollen der Seelen. Dann fragt er drei Tage lang nach Almosen und bringt sie den Armen, und er tröstet die, die ihm die Almosen geben, und die, die die Almosen empfangen. Er besucht das Krankenhaus und heilt viele in Leib und Seele, erleuchtet sie und bringt sie zurück auf den Weg der Erlösung. Es ist am dritten Tage als Er in den Tempel zurückkehrt und eine Lehre hält, die von einer Vorsehung vorbestimmt wurde.

Jesus in eine weiße Tunika gekleidet, die bis zu Seinen Füßen reicht und ein rechteckiges, rotes Stück Stoff übergeworfen hat, lehnt gegen eine niedrige Wand an einer kleinen Straße, die nach oben und nach unten geht von wo er steht. Die Straße ist voller Steine und ein Loch in der Mitte welches cih in ein Rinnsal wandeln muss, wenn es regnet. Jetzt jedoch ist die Straße trocken, weil es ein schöner Tag im Frühling ist und Jesus lächelt milde aber eher ernst, schaut um sich und runter auf eine Gruppe von Häusern in einer ungleichmäßigen Formation; manche hoch, andere niedrig, sie streuen sich in verschiedene Richtungen, wie eine Hand voll weißer Steine, die einfach auf dunklen Boden geworfen wurden, Pflanzen ragen von den Mauern hervor; manche blühen, andere sind voller neuer Blätter.

Zu seiner linken Seite ragt die massive Struktur des Tempels, welche auf drei Reihen von Terassen sitzt und mit Gebäuden, Türmen, Höfen und Vorhallen bedeckt ist. In der Mitte ist das höchste und atemberaubenste Gebäude mit seinen weißen Kuppeln, die von der Sonne beschienen werden und wie aus Kupfer und Gold erscheinen. Der ganze Komplex ist von verstärkten Mauern umgeben mit Zinnen wie in einer Hochburg. Ein Turm, höher als die anderen, über eine schmal kletternde Straße gebaut, bietet eine klare Sicht des großen Gebäudes - Dem Tempel - und hat den Anschein eines stark bewachten Wachdienstes.

Jesus blickt auf den Turm. Dann dreht Er sich um und lehnt sich gegen die niedrige Mauer, wie Er es vorher getan hat, und nun blickt Er auf einen kleinen Hügel vor dem Gebäude, wo die Straße in einem Bogen endet. Der untere Teil des Turms ist von Häuser umgeben, welche den Rest kahl erscheinen lassen.

Hinter dem Bogen ist eine Straße mit viereckigen Steinen gepflastert, welche lose und ungleichmäßig sind. Während Jesus sich umblickt, wird Sein Gesicht mehr ernst und bewölkt mit Trauer.

Große Menschenmengen sind in den Höfen versammelt, um die Fontänen, in den Vorhallen und Pavillons im Tempelkomplex und Juden sprechen laut und sind mit verschiedenen Aktivitäten beschäftigt.

Pharisäer sind in langen, fließenden Kleidern zu sehen, Priester in breiten, weißen Leinen, welche an ihre Hüften mit wertvollen Gürteln gebunden sind, und mit wertvollen Tellern auf ihren Brüsten und Stirnen, mit anderen funkelnden Punkten hier und da auf ihren verschiedenen Gewändern. Und viele andere des priesterlichen Ensembles, aber in weniger geschmückten Gewändern, haben junge Jünger um sich versammelt. Dies sind die Doktoren des Gesetzes.

Die Doktoren stehen in Gruppen und bestreiten die Theologie. Eine der Gruppen wird von einem Doktor geführt, der sich Gamaliel nennt, welcher von einem alten Mann, fast blind, Hillel genannt, unterstützt wird und welcher vielleicht ein Lehrer oder Verwandter Gamaliels ist gemäß der respektvollen Bekanntheit, mit welcher Gamaliel den alten Mann behandelt. Gamaliels Gruppe ist kleiner in Anzahl und weniger konservativ in ihrer Sichtweise im Vergleich zu einer anderen, zahlreicheren Gruppe, die von dem Doktor Shammai geführt wird und welcher bekannt ist für seine konservative und nachtragende Intoleranz.

Umgeben von einer kompakten Gruppe von Jüngern spricht Gamaliel über den Messias und basiert seine Beobachtungen auf den Prophezeiungen Daniels. Er sagt, dass der Messias bereits geboren sein muss, weil die siebzigste Woche, prophezeit von der Zeit der Anordnung den Tempel zu rekonstruieren, bereits vor zehn Jahren abgelaufen ist.

Aber Shammai widerspricht ihm und antwortet, dass falls es war wäre, dass der Tempel wieder errichtet wurde, dann müsste es auch war sein, dass Israel mehr versklaft ist und der Friede, welcher Er, der von den Propheten "Prinz des Friedens" gennant wird, bringen soll, weit weg von der Welt ist und besonders in Jerusalem. Die Stadt ist in Wirklichkeit von einem Feind unterdrückt, der welcher so frech ist, dass er seine Macht in den Mauern des Tempels ausübt, welche selbst von dem Antonia Turm dominiert werden, voller römischer Legionäre, welche bereit sind jegliche Randalle, die für die Unabhängigkeit des Landes ausbrechen könnten, mit ihren Schwertern niederzuschlagen.

Und so geht der Disput unendlich lang weiter voller, kleinlicher Widersprüche, wobei alle Doktoren ihr Wissen ziegen, nicht so sehr um ihre Gegner zu schlagen, sondern eher um die Bewunderung der Zuhörer zu gewinnen. Ihre Ziele sind ziemlich offensichtlich.

Dann kommt die klare Stimme eines Jungens aus der kompakten Gruppe der Glaubenden hervor:

'Gamaliel hat Recht.'

Eine Aufregung geht durch die Menge und die Doktoren, während sie nach dem Unterbrecher suchen. Es gibt keinen Grund zu suchen, denn Er versteckt sich nicht, aber macht sich Seinen Weg durch die Menge und geht auf die Gruppe der Rabbis zu. Es ist Jesus, selbstsicher und offenen Herzens, mit Augen, die vor Intelligenz funkeln.

'Wer bist Du?' fragen sie Ihn.

'Ich bin ein Sohn Israels, der gekommen ist um das vorgeschriebene Gesetz zu erfüllen.' Seine freche, offene Antwort gewinnt Ihm Lächeln der Zustimmung und Gefallen und sie zeigen Interesse in den kleinen Israeliten.

'Wie ist Dein Name?'

'Jesus von Nazareth.'

Die Freundlichkeit schwindet in Shammais Gruppe, aber Gamaliel, gutartiger, führt sein Gespräch mit Hillel fort, so dass man meint der alte Mann möchte den Jungen etwas fragen.

'Auf was basierst Du Deine Sicherheit?' fragt Hillel.

'Auf die Prophezeiung, welche nicht falsch sein kann über die Zeit und die Zeichen, welche in der Zeit der Wahrwerdung stattgefunden haben...' antwortet Jesus '...Es ist war das der Kaiser uns dominiert, aber die Welt und Palästina waren in solch einem Frieden als die siebzig Wochen ausliefen, dass es möglich war für den Kaiser eine Völkerzählung in seinen Herrschaftsgebieten anzuordnen. Hätte es Kriege im Reich und Krawalle in Palästina gegeben, hätte er dies nicht tun können.....
....Als diese Zeit vollendet war, ist die andere Zeit der zweiundsechzig Wochen plus eine von der Fertigstellung des Tempels auch komplett, so dass der Messias gesalbt werden

kann und der Rest der Prophezeiung wahr werden kann für die Leute, die Ihn nicht wollten....
.....Könnt ihr das bezweifeln? Könnt ihr euch nicht an den Stern erinnern, der von den Weisen aus dem Osten gesehen wurde und über Betlehem in Judäa stehen geblieben ist, und dass die Prophezeiungen und Visionen, von Jakob an, diesen Ort als den bestimmten Geburtsort des Messias andeuten, Sohn der Söhne von Jakobs Söhnen, durch David, welcher aus Betlehem stammte?....
....Erinnert ihr euch nicht an Balaam?....."Ein Stern wird von Jakob geboren." Die Weisen aus dem Osten, welchen durch ihre Reinheit und ihren Glauben die Augen und Ohren geöffnet wurden, sahen den Stern und verstanden seinen Namen: "Messias", und sie kamen um das Licht, das auf die Erde herabkam, anzubeten.'

'Meinst du wirklich das der Messias in Betlehem geboren wurde-Ephrathah zur Zeit des Sternes?' fragt Shammai voller Trotz auf Jesus blickend.

'Das meine ich.'

'Dann gibt es ihn nicht mehr. Weißt du nicht, Kind, dass Herodes alle neugeborenen Säuglinge, von einem Tag alt bis zwei Jahre alt, in Betlehem und der Umgebung töten lassen hat?...fragt Shammai.
......Du, der so weise in den Schriften ist, muss auch diese wissen: "Eine Stimme wird in Ramah gehört..es ist Rachel, die um ihr Kind weint." Die Täler und Hügel um Betlehem, welche die Tränen der sterbenden Rachel gesammelt haben, waren voller Tränen und die Mütter haben wieder um ihre getöteten Kinder geweint. Unter ihnen war auch sicherlich die Mutter des Messias.'

'Da liegst du falsch, alter Mann....' sagt Jesus '....die weinende Rachel wandelte sich in Hosannas, weil dort, wo sie "den Sohn der Trauer" gebar, hat die neue Rachel der Welt den Benjamin des himmlischen Vaters gegeben, den Sohn seiner rechten Hand, Ihn, der bestimmt ist das Volk Gottes unter Sein Zepter zu nehmen und es von der schlimmsten Sklaverei zu befreien.'

'Wie ist das möglich, wenn Er doch getötet wurde?' gibt Shammai wieder.

'Hast du nicht über Elia gelesen..? fragt Jesus '....Er wurde von dem Wagen des Feuers weggeführt. Und hätte Gott nicht Seinen Immanuel retten können, sodass Er der Messias Seines Volkes sein kann?.....Er, der das Meer vor Moses teilte, sodass Israel auf trockenem Boden zum verheißenen Land laufen könne, hätte Er nicht Seine Engel senden können um Seinen Sohn, Seinen Christus, von der Bosheit der Menschen zu retten?.......
.....Ich sage dir feierlich:....' und Jesus hebt und streckt Seinen rechten Arm aus in einer Geste des Befehls und Versprechens, Seine Stimme ein scharfer Ton, der die Luft füllt, Seine Augen heller als je zuvor '....Der Christus ist am Leben und ist unter euch....Und wenn Seine Stunde kommt, wird Er sich in Seiner Macht zeigen.' Und Jesus senkt Seinen Arm, als ob Er einen Eid geschworen hat. Und Seine Feierlichkeit, obwohl Er ein Junge ist, ist die eines Mannes.

'Kind, wer hat dir diese Worte beigebracht?' fragt Hillel.

'Der Geist Gottes. Ich habe keinen menschlichen Lehrer. Dies ist das Wort des Herrn, welcher zu euch spricht durch meine Lippen.'

'Komm näher, sodass ich Dich sehen kann, Kind, und dass meine Hoffnung durch Deinen Glauben wiederbelebt wird und meine Seele durch Deine Helligkeit erleuchtet.'

Sie lassen Jesus auf einem Stuhl zwischen Gamaliel und Hillel sitzen und si geben Ihm ein paar Rollen zum Lesen und Erklären. Es ist eine angemessene Untersuchung und die Leute drängen sich und hören zu.

Jesus liest in einer klaren Stimme: "Seid getröstet, mein Volk. Sprich zum Herzen Jerusalems und ruf zu ihr, dass ihre Zeit des Dienstes beendet ist....Eine Stimme ruft in der Wildnis: Bereite einen Weg für den Herrn...dann wird der Ruhm des Herrn enthüllt werden..."

'Siehst du das, Nazaräer...' sagt Shammai '...Es wird hier ein Ende der Sklaverei erwähnt, aber niemals zuvor waren wir Sklaven, so wie wir es jetzt sind. Und ein Vorbote wird erwähnt. Wo ist er? Du sprichst Humbuk.'

'Ich sage dir, dass die Warnung des Vorbotens mehr an dich adressiert sein sollte als alle anderen...' antwortet Jesus '...Zu dir und solchen wie dich. Andererseits wirst du den Ruhm des Herrn nicht sehen, noch wirst du das Wort Gottes verstehen, da Gemeinheit, Stolz und Lüge dich davor bewahren es zu sehen und hören.'

'Wie wagst Du es so zu einem Meister zu sprechen?' fragt Shammai außer sich vor Wut.

'Ich spreche so. Und so werde ich bis zu Meinem Tod sprechen, denn über Mir sind die Interessen des Herrn und die Liebe nach Wahrheit, von welcher ich der Sohn bin....
....Und ich füge hinzu, Rabbi, dass die Sklaverei, von welcher der Prophet spricht, und von welcher Ich spreche, nicht die ist, an die du denkst, noch ist die Treue die, an die du denkst....
.....Ganz im Gegenteil, durch die Verdienste des Messias, *wird der Mensch frei von der Sklaverei des Bösen, welche ihn von Gott trennt, und das Zeichen Christi wird im Geiste sein, befreit vom Joch und Diener des ewigen Königreichs*............................

.........All die Nationen werden ihre Köpfe beugen, ein Haus Davids, vor dem Austrieb von euch geboren und welcher in einen Baum wachsen wird der die ganze Welt bedecken und zum Himmel steigen wird. ...Und im Himmel und auf der Erde wird jeder Mund Seinen Namen loben und sich vor den Gesalbten Gott knien, Prinz des Friedens, Führer, vor Ihm, **Welcher, indem Er sich selbst gibt** jede entmutigte und hungrige Seele mit Freude und Nahrung füllen wird, vor dem Heiligen, **welcher einen Bund zwischen Himmel und Erde schaffen wird.** ....Nicht wie der Bund, der mit den Alten Israels gemacht wurde, als Gott sie aus Ägypten führte, und sie immernoch als Diener behandelte, *sondern Er wird eine himmlische Vaterschaft in die Seelen der Menschen bringen mit der Gnade, die wieder durch die Verdienste des Erlösers eingeträufelt wird, durch welchen alle guten Menschen den Herrn kennen werden und die Heiligkeit Gottes wird nicht mehr zerstört und beschändigt.*'

'Hör auf über Gott zu lästern, Kind! ....' ruft Shammai '...Erinnere Dich an Daniel. Er sagt, dass nach dem Tod des Christus, werden der Tempel und die Stadt zerstört durch das Volk und einen Führer, der von der Ferne kommt....Und Du glaubst, dass die Heiligkeit Gottes nicht mehr zerstört wird! ...Respektiere die Propheten!'

'Ich sage dir feierlich, dass es Jemanden gibt, der über den Propheten steht, und du kennst Ihn nicht und wirst Ihn auch nicht kennen, weil du es nicht willst.... Und ich sage dir, dass, was ich dir gesagt habe, ist wahr. *Die wahre Heiligkeit steht nicht unter dem Tod. Aber wie ihr Heiligmacher wird sie zu ewigen Leben steigen und am Ende der Welt wird sie im Himmel leben.*'

'Hör mir zu, Kind...' sagt Hillel '...Haggai sagt: "...Der Erwartete der Nationen wird kommen... groß wird dann der Ruhm dieses Hauses, und der Ruhm des letzteren größer als der des vorigen." Vielleicht bezieht er sich auf die Heiligkeit, von welcher Du sprichst?'

'Ja, Meister...' antwortet Jesus '...Dies ist was er meint. Deine Ehrlichkeit führt dich zum Licht und ich sage dir: wenn das Opfer Christi vollendet ist, wirst du Frieden finden, weil du ein Israelit ohne Boshaftigkeit bist.'

'Sag mir, Jesus...' fragt Gamaliel '...Wie kann der Frieden, von welchem die Propheten sprechen, erhofft werden, wenn die Zerstörung durch Krieg zu den Menschen kommen wird? Spreche und erleuchte auch mich.'

'Weißt du nicht mehr, Meister, was die gesagt haben, die in der Nacht der Geburt Christi gegenwärtig waren?' fragt Jesus.

'*Dass die Engel sangen: "Friede den Menschen guten Willens"* aber diese Menschen sind nicht guten Willens und werden keinen Frieden haben. Sie werden nicht ihren König anerkennen, den Gerechten Menschen, den Retter, weil sie erwarten, dass Er ein König menschlicher Macht ist, *wobei Er der König des Geistes ist.* Sie werden Ihn nicht lieben, weil ihnen nicht gefällt was Christus lehrt. Christus wird nicht ihre Feinde mit Wagen und Pferden besiegen. *Stattdessen wird er die Feinde der Seele besiegen, welche sich bemühen in der Hölle gefangen zu sein, das Herz des Menschen, welches für den Herrn erschaffen wurde......*Und dies ist nicht der Sieg, den Israel von Ihm erwartet. Dein König wird kommen, Jerusalem, auf einem "Esel reitend und "Hengstfohlen", das ist, die gerechten Menschen von Israel und die Heiden.....aber ich sage dir, dass das Hengstfohlen treuer sein wird zu Ihm und Ihn hinter dem Esel folgen wird und im Wege der Wahrheit und des Lebens wachsen wird. *Wegen Seines bösen Willens wird Israel seinen Frieden verlieren und für Jahrhunderte leiden und wird dem König Leiden verursachen und Ihn den König der Trauer machen, von welchem Jesaja spricht.*'

'Dein Mund schmeckt nach Milch und Gotteslästerung zugleich, Nazaräer...' beschuldigt Shammai '...Sag mir: wo ist der Vorbote? Wann haben wir ihn gehabt?'

'Er ist hier' antwortet Jesus. 'Hat nicht Maleachi gesagt: Hier werde ich Meinen Boten schicken um den Weg für mich zu bereiten; und der Herr, den du suchst wird auf einmal in Seinen Tempel treten, und die Engel des Bundes, nach denen du verlangst?"...*Daher kommt der Vorbote kurz vor Christus. Er ist also schon, so wie der Christus ist. Wenn Jahre vergehen zwischen ihm, der den Weg des Herrn bereitet, und dem Christus, dann werden alle Wege versperrt und verdreht.* Gott weiß und arrangiert vorher, dass der Vorbote den Meister nur *um eine Stunde* hervorgeht.....Wenn du diesen Vorboten siehst, wirst du sagen können: "Die Mission Christi beginnt." Und ich sage dir: Christus wird viele Augen und viele Ohren öffnen, wenn Er auf diesen Weg kommt. Aber er wird nicht die deinen und Leuten wie dir die Augen öffnen, da du zum Tode gebracht wirst, von Dem, der dir Leben bringt.....Aber wenn der Erlöser auf Seinem Thron sitzt und Seinem Altar, Höher als dieser Tempel... Höher als der Tabernakel umgeben vom Heiligen der Heiligen,....höher als der Ruhm von den Kerubim unterstützt,....Verwünschungen für die Ungläubigen und Leben für die Heiden werden von Seinen tausenden und aber tausenden Wunden fließen, weil Er, oh Meister, der nichts ahnend ist, ist nicht, ich wiederhole, ist nicht der König des menschlichen Königreichs, *sondern ein geistliches Königreich....... und Seine Diener werden nur diese sein, welche um seinet Willen im Geiste wiedergeboren werden* und wie Jona, nachdem er geboren wurde, *werden lernen wiedergeboren zu werden, am anderen Ufer: "Den Ufern Gottes"* durch eine spirituelle Wiedergeburt, welche durch Christus stattfindet, welcher der Menschheit wares Leben gegeben wird.'

'Dieser Nazaräer ist der Satan!' schreien Shammai und seine Nachfolger.

'Nein. Dieses Kind ist ein Prophet Gottes!' schreien Hillel und sein Gefolge.

'Bleib mit mir, Kind. Mein altes Alter wird dir was ich weiß in dein Wissen einfließen und Du wirst der Meister des Gottesvolkes.'

'Ich sage dir feierlich, dass wenn es mehr geben würde wie dich, dann würde die Erlösung nach Israel kommen. Aber Meine Stunde ist noch nicht gekommen. *Stimmen des Himmels sprechen zu Mir und in Einsamkeit muss ich sie sammeln bis Meine Stunde kommt.* Dann werde ich mit Meinen Lippen und Meinem Blut zu Jerusalem sprechen, und die Bestimmung der Propheten, die von ihr gesteinigt und getötet wurden, wird auch Meine Bestimmung werden......
.....Aber über Meinem Leben ist der Herr Gott, zu welchem ich Mich selbst unterwerfe als treuer Diener, um aus mir einen Stuhl für Seinen Ruhm zu machen.... und warte, dass er die Welt einen Stuhl zu Füßen Christi macht.... *Warte auf Mich in Meiner Stunde. Diese Steine sollen Meine Stimme wiederhören und vibrieren, wenn sie Mein letztes Wort hören.....*'

Und dann hört Maria, die immer noch den Tempel nach Ihrem Geliebten sucht, Seine Stimme, auf einmal, hinter der Versperrung einer großen Gruppe von Leuten. Sie hört Ihn sagen "..... *Diese Steine sollen Meine Stimme wiederhören und vibrieren, wenn sie Mein letztes Wort hören.....*" Sie versucht sich ihren Weg durch die Menge zu schlagen..... währenddessen spricht Jesus weiter.....

'......Gesegnet sind die, die in dieser Stimme Gott gehört haben und dadurch an Ihn glauben. Zu ihnen wird Christus das Köngreich geben, welches eure Eigensinnigkeit als ein menschliches denkt, obwohl es ein himmlisches ist....'

Und Jesus erhebt sich in der Mitte der erstaunten Doktoren und mit Seinen Armen ausgestreckt und Gesicht gen Himmel, brennend vor spiritueller Anbetung, fährt er fort...

'........und daher sage ich: *Hier ist Dein dienender Herr, welcher zu Deinem Willen gekommen ist. Lass es vollendet sein, weil ich danach eifere ihn zu erfüllen.*'

Nach viel Anstrengung, schafft Maria es sich Ihren Weg durch die große Menge zu schlagen. Und da ist Ihr Sohn, stehend, mit Armen ausgestreckt in der Mitte der Doktoren des Gesetzes. Die weise Jungfrau, die Sie immer ist, ist dieses Mal mit einem Sturm von Sorge überkommen, der Ihre Weisheit überdeckt und Sie rennt zu Ihrem Sohn, umarmt Ihn, hebt Ihn vom Stuhl und legt Ihn auf den Boden.

'Oh! Warum hast Du uns das angetan!' ruft Sie 'Seit drei Tagen haben wir nach Dir gesucht. Deine Mutter stirbt vor Sorge und Schmerz. Dein Vater ist vor lauter Mühe erschöpft. Warum, Jesus?'

Aber du fragst nicht Warum von Ihm, der weiß. "Warum" Er sich auf eine bestimmte Weise verhält. Warum die mit einer Berufung alles liegen lassen und die Stimme Gottes folgen. Jesus ist die Weisheit und Er weiß; Seine Mission, zu der Er berufen ist, muss Er erfüllen, indem Er die Interessen des göttlichen Vaters über die Seines erdlichen Vaters und Seiner erdlichen Mutter stellt.

Und Jesus erzählt es Maria so; er beendet Seine Lehre der Doktoren mit einer Lehre zur Königin der Doktoren.

Maria akzeptiert die Lektion und hält sie in Ihrem Herzen. Seine Worte sind tief in Ihrem Gedächtnis verwurzelt.

Und die Sonne beginnt in Ihrem Herzen zu scheinen, da Sie nun Ihren Jesus wieder hat, demütig und gehorsam, neben Ihr. Es wird viel Sonnenschein geben und viele Wolken; große Freuden und viele Tränen in Abwechslung in Ihrem Herzen während der nächsten einunzwanzig Jahre. Aber nie wieder wird sie fragen "warum."

www.ingramcontent.com/pod-product-compliance
Lightning Source LLC
Chambersburg PA
CBHW061333040426
42444CB00011B/2894